虫への祈り

虫塚・社寺巡礼

柏田雄三

創森社

MUSHIZUKA WORLD

【目を引く虫と虫塚】

タマムシ

タマムシ（皇居吹上御苑
撮影：河合省三氏）

三重県津市の谷川神社にある「反古塚(たまむし塚)」

ヒイラギハマキワタムシ

「しろばんば」であることが解明されたヒイラギハマキワタムシ（アブラムシの一種）の成虫（静岡県伊豆市　撮影：池田二三高氏）

ヒグラシ

ヒグラシはカナカナゼミとも呼ばれる（千葉県流山市）

井上靖の小説「しろばんば」の文学碑（静岡県伊豆市）

山村暮鳥「ひぐらし」の詩碑（群馬県渋川市水澤観世音）

オオムラサキ

オオムラサキ雄成虫（長野県上田市　撮影：池山雅也氏）

▶国蝶オオムラサキの碑（山梨県北杜市　中央本線「日野春」駅前）

MUSHIZUKA WORLD

【新桑繭の歌碑と筑波山】

＊当頁の場所はすべて茨城県下

筑西市「宮山ふるさとふれあい公園」の歌碑と筑波山遠望

筑波嶺の新桑繭《にいくわまゆ》の衣《きぬ》はあれど
君が御衣《みけし》しあやに着欲しも
（万葉集）

つくば市「大久保公園」の歌碑

◀上皇后美智子さま御親蚕で知られる日本古来の蚕の品種「小石丸」の繭

丸々とした蚕

筑西市からの筑波山

大宝八幡宮の境内社若宮八幡宮前の狛犬台座に和歌が彫られている（下妻市）

土浦市の「万葉の森」の歌碑
（撮影：宮﨑昌久氏）

▶つくば市の筑波山神社「万葉の小径」の歌碑

蛍の石碑と蛍

埼玉県さいたま市の大宮第二公園の「蛍の碑」

京都府宇治市の蛍塚

貴船神社の和泉式部蛍の和歌碑（京都市）

埼玉県皆野町の金子兜太蛍の句碑

◀ゲンジボタルの光跡（長野県下高井郡志賀高原　撮影：高井日年氏）

◀ヘイケボタルの発光（埼玉県さいたま市　撮影：高井日年氏）

▶ゲンジボタル（東京都福生市）

▶岐阜県本巣市の「源氏ぼたる」の碑と蛍石

MUSHIZUKA WORLD

稲の害虫と石碑

ウンカ

トビイロウンカの成虫と幼虫（撮影：行徳裕氏）

▶ウンカ・ヨコバイの被害で江戸時代に建てられた石川県小松市埴田町の虫塚

ニカメイチュウ

マコモの茎に食入したニカメイチュウ（ニカメイガの幼虫　撮影：平井一男氏）

▲ニカメイチュウ防除技術確立の碑（香川県善通寺市　撮影：荻原洋晶氏）

カメムシ

善徳虫とされるイネクロカメムシ（成虫　撮影：平井一男氏）

▼福井県敦賀市の本隆寺の善徳虫塚（中央）

イネツトムシ

イネツトムシ（イチモンジセセリの幼虫）

▶イネツトムシの被害に関連する長野県木曽町の経王塔（撮影：田近清暉氏）

虫への祈り

──虫塚・社寺巡礼──

もくじ

第2章 虫を表す ～歌碑・句碑～ 155

•ＭＥＭＯ•

〈交通手段について〉

◆記事は、筆者が訪ねた折の公共交通機関を優先して記載している。車を使用したほうが便利な場合も多い。

◆公共交通手段は筆者が執筆したときのものである。特にバスは運行されるシーズンや運行日が限定されているものがある。一日当たりの運行本数が少ない場合もあるので、事前に確認いただきたい。

〈虫塚への立ち入りについて〉

◆国公立の試験研究機関や学校・企業では、入口の掲示などに従い、本来の業務や勉学に迷惑をかけないよう配慮が必要である。

◆神社仏閣などは公開日が決められている場合がある。また、立ち入りできない区域に位置する場合もある。施設の指示に従うなどの注意や、参拝者への配慮も願いたい。

◆その他の施設でも、公開期間や公開日が限定されているところがあり事前の確認が必要である。

◆人家の近くに位置する場合もあるので注意願いたい。

〈表記について〉

◆第１章の個々の表題については、碑に刻まれている文字が摩耗したり、表示されていなかったりしているため、ごく一部の例外を除き旧字を避けた。例＝蠶→蚕、蟲→虫。また、碑に刻まれている名称と案内板、文献などの名称が異なる場合は、原則として後者を採用している。

◆年号については西暦を基本とし、必要に応じて西暦の後の（ ）内に和暦を入れているが、案内板、文献などから引用、もしくは要約して紹介する場合は原文を優先し、必要に応じて和暦の後の（ ）内に西暦を入れている。

序章

虫塚が現代に証すもの

道路横の草むらにある虫供養塔（福島県金山町）

さまざまな供養碑

「虫塚」とは文字どおり昆虫に関連する塚のことであり、農作物を加害する害虫を供養することから始まったものと思われる。そこには害虫の発生がさらに起こらないように祈る気持ちもあっただろう。何でも供養と言えるほど、日本には人以外にもさまざまなものを供養した膨大な数の信仰遺物がある。

それらは哺乳類、鳥類、爬虫類、両生類、魚類、樹木、花、菌類などのさまざまな生きものを対象にしている。それればかりでなく、包丁、筆、針、茶筅《ちゃせん》、文房具、眼鏡などの生活用品、人形、こけしなどの民芸品、道路、石橋、敷石などのインフラにまで及び、さらには日蝕のような自然現象にまで供養碑があることを知ると驚いてしまう。

このようにいろいろな供養碑の存在は、日本にほぼ特有なものとされる。森羅万象に生命が宿るとするアニミズム、日本に伝わった仏教の「草木国土悉皆《しっかい》成仏」や「山川草木悉皆成仏」の教えのように、人はすべてのものに生かされており、それらに感謝しようとする気持ちが日本人の心の奥底に刻み込まれているからであろう。

このように多様な供養碑があることからすれば、虫に関する供養碑が各地に存在することに何の不思議もない。かつて埼玉県比企郡虫塚村（現、川島町虫塚）には古塚があったが、明治時代に取り払われたようだ。現地を訪ねると、交通信号機の地名に「虫塚」の表示がある。

「虫塚」は害虫の供養から始まり、時を下るにつれさまざまな目的・動機によるものがつくられるようになっていった。そして今でも新しいものが生み出されている。

人間と昆虫は地球上で最も繁栄している生きものだといえる。それだけに害虫、益虫のように人間の生活や経済活動と関係する虫塚だけではなく、文化的な側面からとらえられる虫塚も数多く生み出されるようになった。

鳥獣供養之碑（宮城県丸森町）

駒形石橋供養塔
（埼玉県春日部市玉蔵院）

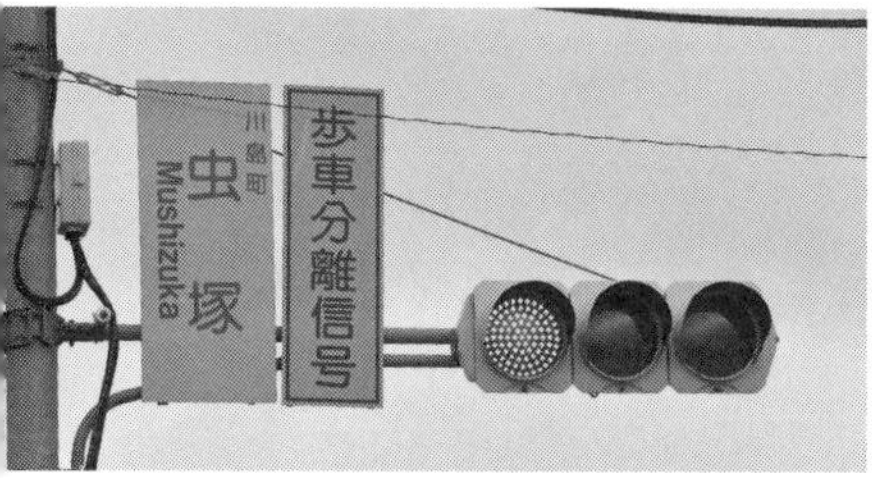

埼玉県比企郡川島町虫塚の交通信号機

害虫・益虫・ただの虫と虫塚

昆虫には名前がつけられているだけでも世界で１００万種ほどがいる。まだ発見されていない種類を含めると、３０００万種はいるのではないかとする学説もある。昆虫は人間とのかかわりによって「害虫」、「益虫・有用昆虫」、「ただの虫」に分けられることがある。名前のついていない昆虫の種類が多いのは、人間の社会生活とほとんど関係を持たない「ただの虫」がいかに多いかということだ。虫の供養碑の対象となるのは、主に害虫や

伝統行事として残る「虫追い」
(2017 年埼玉県越谷市北川崎)

田んぼに挿して五穀豊穣を祈る護符
(2004 年佐賀県山内町　撮影：口木文孝氏)

益虫・有用昆虫だが、ただの虫の供養碑も存在する。

虫塚には人間の生活の歴史の中で、虫そのものの供養、虫の種類によっては感謝、贖罪、盛業への願望、関係する従事者の顕彰や供養、記念といったさまざまな要素が入りこむことになった。本書ではそれらをすべて「虫塚」という言葉で論じていきたい。

害虫防除の方法

まず農作物に害を与える虫を考える。縄文・弥生時代に農耕が始まると、人々は気象の異変、鳥獣による被害のほか、害虫にも悩まされたであろう。現在ではこれらを防除するには「物理的防除法」「化学的防除法」「生物的防除法」「耕種的防除法」があり、これらが組み合わされることも珍しくない。

しかし、これらのいずれにも属さない「呪術的防除法」というべき方法があった。害虫の発生は神の怒り、被害は天災とみなされ、それを鎮めることが重要と考えられていたからである。長く行われてきた「虫送り」や「虫追い」といわれる呪術的な行事、護符を田んぼの畦に挿したり、神棚に祀ったりすることも行われた。虫塚を前にして害虫を供養したり、そこから虫送りが行われたりすることもあったので、一部の虫塚は害虫防除に連なる要素を持っている。虫送りを動的な行事と考えれば、虫塚の一部の建立目的は静的なものととらえられる。

「物理的防除法」「化学的防除法」「生物的防除法」「耕種的防除法」の効き目が実証され認識されるに従って、呪術的防除の地位は下がっていったのだろうが、完全に廃れたわけではなく、今でも一部の地方で行われている。

護符を田んぼの畦に挿したり神棚に祀ること、害虫に効果があるという砂を田畑にまいたりする行為も残っている。そのような方法に頼っていたとは信じられないという人もいるが、われわれが初詣に行ったり、折に触れいろいろなお札やお守りを求めたりすることとそれほど変わらないように思える。

呪術的な防除法は日本に限ったことではなく、中世のヨーロッパにおいては人に害をなした動物が宗教裁判にかけられ、聖職者などから破門を宣告されることもあった。農作物に害を与える昆虫でも同じようなことが行われていた記録がある。当時はそれなりの効き目を挙げると考えられていた。

これらの呪術、宗教的な方法は、現在では考えられないほど害虫の退治に手を焼いていたことの証しでもある。

虫塚建立の目的と動機

昆虫学者の長谷川仁氏は雑誌「自然」に発表した記事「自然の文化誌　昆虫編6　虫塚と虫供養塔」（1976年）の中で虫塚を次の五つに分類した。

①害虫多発時の供養に関するもの
②虫送り・虫祭りの祈禱場を示すもの
③趣味や職業上・研究上の殺虫供養に関するもの
④特殊な昆虫やその発生地などを記念するもの
⑤昆虫に関する歌碑や句碑

ここで⑤の昆虫に関する歌碑や句碑を加えているのは卓見である。文学的、芸術的領域までを虫塚の対象とすることを明確にしたからである。

しかし実際に数々の虫塚を巡ってみると、これらの分類だけではすべてを包含しにくいことに気づく。例えば蚕やミツバチなど有用昆虫に関する多くの石碑は独立させるのがふさわしいように思われるので、虫塚の分類を組み替えて説明したい。ここでは歌碑、句碑に関する解説は省くことにする。

①多発した害虫の供養を目的とするもの

江戸時代頃につくられた虫塚が該当する。科学的な技術が確立していなかった時代には害虫の大発生は神の怒り、悪霊の祟りと考えられ、これを鎮めることが重要だった。大発生した害虫を慰霊するが、そこに何らかの技術を使って殺した害虫を埋めることもあっただろう。そこで「除蝗祭《じょこうさい》」のような祭礼が行われたり、「虫送り」が出発したりした。今でも富山県南砺市の境内に集封蝗虫塚のある石武雄《いわたけお》神社のように祭礼が残っているところがある。

現存する中で最も古いと考えられるのは、東京都八王子市の広園寺の「虫塚」(1400年頃)で、建立の年次が明確なものには佐賀市の「虫供養塔」(1685)、大分市の丹生《にゅう》(「にう」とも読む)神社の「一石一字塔」(1719)、宮城県丸森町の「虫害供養碑」(1751)「虫供養碑」(1775)、福井県敦賀市の「善徳虫塚」(1836)、石川県小松市埴田《はねだ》町と岩渕町の虫塚(1839)、長野県木曽町の「経王塔」(1889)などがある。多くは江戸時代につくられている。明治時代になってからも少数ながらあるが、害虫の防除法が開発された頃からは新たなものが姿を消していく。

対象になった害虫はすべてが明確ではないが、ウンカ類、メイチュウ類、イネクロカメムシ、イネツトムシ（イチモンジセセリの幼虫）などである。

②害虫の根絶を記念するもの

害虫の根絶は新しい概念であろう。根絶は学問の進歩がなければ確認できないからである。１９９０年前後に沖縄県、鹿児島県、東京都小笠原村に建立されたミバエ類の根絶記念碑がこれに該当する。裏返せばこれらの害虫の発生が甚大な被害を及ぼし、その対策にいかに手を焼いていたかを示すものといえる。

③害虫を埋めた跡

北海道各地に今も残るが、明治10年代の大発生時に退治したトノサマバッタの死骸を埋めたバッタ塚が代表的である。害虫を埋め殺したり死骸を処分したりするのが主目的だったが、のちに石碑を置いて防除の記念や供養の要素も加わったものと思われる。①でも塚をつくるときに害虫を埋めることもあったようだから、共通の要素を持つものがある。

④試験研究の犠牲となった虫を慰霊するもの

食料増産のために農業害虫に関する試験研究が国公立あるいは企業、関連団体の試験研究機関において行われるようになり、その過程で結果的に多くの害虫が材料として犠牲になった。

構内に供養のための石碑を設置しているところがある。農研機構農業環境変動研究センター（旧、農業環境技術研究所、1985）、森林総合研究所（1978）、栃木県農業試験場（1970）、石川県農業試験場（1990）、福井県農業試験場（1972）、日本植物防疫協会茨城研究所（1992）、JA全農営農・技術センター（1982）などである。

現在でもその石碑の前で僧侶や神職を招いた供養祭を、語呂合わせで6月4日の「虫の日」の頃などに毎年実施するところがある。

⑤有益昆虫を慰霊、感謝するもの

有用昆虫であるミツバチ、蚕を慰霊するものが多数存在し、特に蚕は製糸業が一時日本の経済を支えた大きな産業であったので各地に多くの石碑がある。

筆者が調査したものだけで三十数基に上る。江戸時代の末期のものも少数あるが、大半は明治に入ってからの1870年代からで、大正時代を経て、昭和60年代の1988年へと続く。建立の動機としては蚕を神として祀ったものばかりでなく、霜害や雹害によって餌となる桑の葉が被害を受けたため餓死した蚕を弔うもの、養蚕の研究所の跡地、蚕（稚《ち》蚕《さん》）の共同飼育所などの跡地を記念するものなど多岐にわたる。石碑が大半を占めるが、長野県岡谷市の照光寺のように立派なお堂になっている場合もある。

ミツバチの石碑は養蜂協会や養蜂組合などの団体が昭和30年代から平成の初め（1960～1990年代）にかけて建立したが、単独の養蜂業者によるものもある。蜜蜂の日（3月8日）や蜂蜜の日（8月3日）などの日を選んで祭礼が行われることが珍しくない。

子供の疳《かん》の虫に使われた宮城県白石市の孫太郎虫塚（1919）、りんごの受粉に貢献するマメコバチに感謝する青森県板柳町のマメコバチマンション（1992）、ジバチを対象とする岐阜県恵那市の地蜂《へぼ》友好の碑（2005）もこれに該当する。

⑥珍しい虫の発生を記念するもの

天然記念物など珍しい昆虫の発見を記念したり、生息地を示したりするものである。このようなものは性格上歴史が比較的浅い。東日本では珍しいヒメハルゼミの発生地を示す茨城県笠間市（1936）と岐阜県揖斐川《いびがわ》町（1938）、ナガサキアゲハ変種の福岡県久留米市（1961）、ヤノトラカミキリの発見地である北九州市（1979）、コブハナダカカメムシの再発見地を示す熊本県水上村の記念碑（1968）である。趣味性が高く、昆虫の愛好家たちによってつくられるものと、発見地の地方自治体によるものとがある。

⑦展示された虫を供養するもの

博物館、昆虫館など昆虫の標本を展示する施設につくられるもので、函館市立博物館（１９５８）、埼玉県長瀞《ながとろ》町の県立自然の博物館（１９９１）、新潟県胎内市胎内昆虫の家（１９７３）、岐阜市名和昆虫博物館（１９１７）、山梨県北杜市オオムラサキセンター（２０１３）、奈良県橿原《かしはら》市昆虫館（１９９３）などがそれにあたる。

栃木県宇都宮市の私設昆虫館前にあった虫供養碑（１９７４）は、昆虫館が閉鎖のやむなきに至ったとき幸いにも篤志家の手によって他の場所に移設された。

⑧趣味のために犠牲になった虫を供養するもの

昆虫採集などの対象になった昆虫を供養するもので、趣味性が高いが一部研究の要素を含む場合もある。東京都文京区ファーブル昆虫館の虫塚（２０１２）、養老孟司氏による神奈川県鎌倉市の建長寺の虫塚（２０１５）、滋賀県大津市雲住寺の虫塚（１９９８）、昆虫クラブのＯＢたちが卒業から数十年を経て建てた大阪府立茨木高校の虫塚（２０１１）

などがそれに該当する。伊勢藩主増山雪斎が昆虫図譜作成のために材料とした虫を後に弔った東京・上野の寛永寺の虫塚（1821）、鳴く虫を供養した千葉県長生《ちょうせい》村の虫供養碑（1923）もここに含めてよいだろう。

⑨信仰や個人的な信念でつくられたもの

東京都練馬区広徳寺の蟬塚（2015）、京都の鈴虫寺の鈴虫万虫塔（1961頃）、同じく化野念仏寺の虫塚（1962）、大阪府箕面《みのお》市西江寺の虫塚（1948）は寺にあって、仏教の教えを反映する。

心ない行為によって一群のニホンミツバチを死に追いやった旅館の館主が供養のために奔走して建てた山梨県道志村の蜂塚（1957）もこれに含める。

これまでに述べてきたように、虫塚を建立の目的・動機別に分類すると大きな流れのあることがわかる。江戸時代と明治時代の初めまでにつくられた稲作害虫の供養碑、明治時代の初め頃から養蚕業の盛衰に合わせるように昭和までつくられてきた蚕の石碑、養蜂業の隆盛に従い昭和30年代頃からのミツバチ感謝碑、国公立の試験研究機関の研究に伴う昭和40年代以降の虫の供養碑へと移る。さらに、主に1970年代以降は、教育・文化活動や昆虫採集の趣味の高まりなどにより、博物館や昆虫館、採集地などにつくられるようになった。

教育・文化活動や趣味に関連する虫塚には最近建てられたものがある。ファーブル昆虫館の虫塚（２０１２）、北杜市オオムラサキセンターの虫塚（２０１３）、建長寺の虫塚（２０１５）は今世紀に入ってからのものだ。住職の思いによってつくられた東京都練馬区広徳寺の蟬塚（２０１５）も新しい。そしてまた、最近になって千葉県立農業大学校が構内に虫塚を建立するとの情報を耳にした。筆者が知る限り最も新しい虫塚となる。

2015 年建立の蟬塚
（東京都練馬区広徳寺）

当初の害虫供養・被害防止を祈る目的から姿を変えながら、虫塚は生き続ける。それは日本人と昆虫とがたどってきた歴史の長さと深さを示す証しだと思う。

第1章

虫を祀る
～供養碑・記念碑～

百足供養堂の右隣にある虫塚（滋賀県大津市）

◆供養碑・記念碑の採録にあたって

この章では、歌碑や句碑を除く虫塚を取りあげる。序章で記したように、虫塚は過去のものではなく、わかっているだけで1400年頃から現在に至るまでつくられ続けている。

これらの石碑はどこに建てられているのか。最も多いのが寺、次いで神社で、供養という目的からすればうなずける。寺にあるものには、害虫供養碑のほかに、蚕の供養碑、ミツバチへの感謝碑、シロアリの供養碑、昆虫採集対象の供養碑、芭蕉の句の短冊を埋めた「せみ塚」など多岐にわたっている。また神社には、農業害虫の供養碑のほか、蚕の供養碑、ヒメハルゼミ、ナガサキアゲハの変種など珍しい虫の記念碑がある。

空き地や路傍にあるものも多い。北海道に何か所かあるバッタを埋めた跡のバッタ塚、蚕の慰霊碑、害虫の供養碑などで、史跡に指定されていないと探しにくいことがある。

農業試験場など試験研究機関にあるものは、その機関において研究のために命を落とした虫を供養するものが主であるが、イネミズゾウムシ（愛知県）、ニカメイチュウ（香川県）、サンカメイチュウに対する晩化栽培（熊本県）は農業害虫の防除技術確立を記念したり研究者を顕彰したりしている。博物館や昆虫館の敷地内にあるものは、おおむねわかりやすい場所にある。多くの昆虫や場合によって他の生物も供養するが、北杜市オオムラサキセンターのオオムラサキのように特定の昆虫に重点を置いたものもある。

　供養碑に刻まれた文字の揮毫者は多彩である。わかっているものから列挙すると、大臣：蜂塚碑（山梨県道志村）、国会議員：ミバエ根絶の碑（沖縄県石垣市）、県知事：虫供養之碑（埼玉県さいたま市）蜜蜂供養碑（埼玉県深谷市）蜜蜂供養塔（神奈川県厚木市）蜂魂碑（香川県高松市）ミバエ根絶記念碑（鹿児島県奄美市）、市長：虫塚（山梨県北杜市）地蜂友好の碑（岐阜県恵那市）虫塚（大阪府箕面市箕面公園昆虫館横）、試験場長：むしづか（福井市）、学校長：蚕霊供養塔（長野県上田市信州大学）、昆虫館長：虫塚（東京都文京区ファーブル昆虫館）、高名な学者：虫塚（茨城県つくば市農業環境変動研究センター）蜜蜂頌徳の碑（岩手県盛岡市東禅寺）、関係する寺の僧侶：昆虫碑（岐阜市名和昆虫博物館）虫救護碑（滋賀県日野町松林寺）虫塚（大阪府箕面市西江寺）、組合長：蚕霊供養碑（群馬県安中市）、日本画家：虫塚（京都市右京区化野念仏寺）、卒業生：虫塚（大阪府茨木市茨木高校）などいろいろな立場の人がいて、石碑の横顔が見えるようである。

　茨城県つくば市の農業環境技術研究所（現、農業環境変動研究センター）にある虫塚（筆者の前著『虫塚紀行』所収）の「蟲」という文字は、高名な昆虫学者石井象二郎博士（京都大学名誉教授）が斎戒沐浴し襟を正して揮毫したと関係者の間で噂されたそうだ。昆虫に対する強い思いが伝わってくる話ではないか。

バッタ塚

・北海道京極町

明治13年（1880）頃から数年間、北海道の十勝地方でトノサマバッタが大発生し、農作物に甚大な被害を与えた。そのときバッタの卵塊を埋めて押し固めたり、駆除した死骸を埋めたりしたバッタ塚が、新得町などに残る。西進したバッタを駆除したバッタ塚は札幌市の手稲山口にある（筆者前著『虫塚紀行』所収）。

京極町にもバッタ塚がある。京極町役場から道道97号線（豊浦京極線）を真狩《まっかり》村方面に2kmほど進み、右手の川西霊園を過ぎてから200〜300m先を右折し、さらに100mほどで左折すると雑木林の中に「史跡バッタ塚　昭和五十八年五月一日　京極町教育委員会」と書かれた高さ120cmほどの木製の標柱がある。

京極町川西のバッタ塚については「京極町史」に詳しい。阿部長之助による明治42年（1909）の調査で、バッタ塚と呼ばれる360cm四方、高さ90cmほどの土盛りが4〜5mごとに縦に数十列、横に十数個整然と並び数千個に達するほどあったとある。黒雲のように空を覆い飛んできたバッタの死骸を、かき集めて埋めたなどの言い伝えがあったが、未開の地にある多数の塚が本当にそのようなものなのかと阿部は疑問に思ったらしい。他の人の談では大正7～8年（1918～1919）には荒れ地にバッタ塚と呼ばれる土盛りが多数並び、阿部が村史を書いた昭和30年（1955）頃には木や草が生えた塚が1haほど残った状態であった。その後の文献調査で、明治17年（1884）の資料にバッタの捕獲量や人夫数、金額などの記載が見つかり、川西のバッタ塚が実際にバッタを埋めたものだったことが裏づけられた。

　今訪れると、「バッタ塚」の標柱の辺りに塚らしきものは見あたらず、周辺には畑が広がっている。

史跡バッタ塚の標柱
（撮影：小田義勝氏）

雑木林の近くには畑地が広がり、向こうには羊蹄山がそびえる
（撮影：小田義勝氏）

所在地：北海道虻田郡京極町字川西
交通：ＪＲ北海道函館本線「倶知安」駅から喜茂別行き、または伊達駅前行き道南バスで約30分「京極バスターミナル」で下車、そこから京極町役場（京極町字京極５２７番地）を経て２㎞強、徒歩約30分

蜜蜂頌徳の碑

・岩手県盛岡市

盛岡駅から山田線で一つ隣の上盛岡駅を北方向に歩くと国道4号線盛岡バイパスにぶつかる。その向かい側にあるのが臨済宗の東禅寺である。少し離れた場所から信号を渡り、寺の山門をくぐると右手に「蜜蜂頌徳《しょうとく》の碑」が立っている。台石を含めると人の背丈を優に超える立派なものである。

正面の中央には「蜜蜂頌徳の碑」、その左には「従四位勲四等農学博士徳田義信書」と彫られている。徳田義信は１９２０年から１９５５年に国の畜産試験場、農業技術研究所などで養蜂の研究をしていた人である。裏面には岩手県養蜂組合による次のような「感謝のことば」が刻まれている。

「花の受粉に素晴らしい働きをして　美味なる果実をもたらし　蜜や貴重な王乳をかもして　人々の心と体を養い　限られた日々の営みの中で勤勉と一致の美事な手本を人類に示し　大きな教訓を与えてきた億兆の可憐な蜜蜂たち　全国養蜂者有志の協力を得　ここにその徳をたたえ　また霊を慰め　感謝する　昭和四十二年九月」

近くに建立のときに植えられたというトチノキが大きくそびえ、夏には涼しげな影をつくる。毎年2月14日には県内の養蜂業者の幹部たちが集まり、感謝と慰霊の催しが行われている。東禅寺の奥は深い杉林に抱かれた墓地になっていて、そこに俳人山口青邨《せいそん》の墓がたたずむ。また、国道4号線を挟んだ飛び地のような場所には、盛岡市指定有形民俗文化財の「天明飢餓供養塔（南無地蔵願王）」がある。飢餓は西日本と異なり虫害ではなく、冷害によるものであろう。

山田線は列車の本数が少ない。盛岡駅から歩くと少し遠いが、途中の石川啄木や宮沢賢治ゆかりの場所を訪ねながら来るのもよい。

国道４号線バイパス向かいからの東禅寺山門

東禅寺境内の「蜜蜂頌徳の碑」

所在地：岩手県盛岡市北山２－９－17　東禅寺境内

交通：ＪＲ東日本山田線「上盛岡」駅から徒歩約８分、または東北新幹線「盛岡」駅北口から徒歩約30分

蚕霊塔

・岩手県盛岡市

盛岡市の中心部から北寄りの名須川町界隈は、多くの寺や神社が10軒余り続く寺社の町である。報恩寺もその一つで、境内に「蚕霊塔《さんれい》」がある。盛岡駅からの北山バス停が近いが、週末は運休なので盛岡駅からのんびり歩くか、本数の多い盛岡都心循環バス「でんでんむし」の「本町通一丁目」から歩くのがよさそうだ。北山交番前の信号を右折すると左手が杉の大木のある報恩寺である。

この寺は応永元年（1394）南部家13代の守行によって三戸に創建され、慶長6年（1601）に現在の場所に移転された。左右に仁王像がある立派な山門をくぐると、中門辺りにいくつもの供養碑が並んでいる。その一つが立派な「蚕霊塔」である。

正面の中央には大きく「蠶霊塔」、左側には「大日本蚕糸会会頭正三位勲二等子爵牧野忠篤書」と刻まれている。裏側を見上げると上部に「岩手県繭糸業組合盛岡支部」、下部に盛岡市、岩手郡、紫波郡の多くの人たちの名前が並んでいて養蚕が盛んだったことを思わせる。昭和4年（1929）11月3日の建立で、最下部には「建立委員長　赤澤多太兵衛」の名がある。「蚕霊塔」の右隣にある「針供養塔」は日本和裁士会岩手県支部が昭和42年に建立したものである。

報恩寺は五百羅漢で知られ、それらは風格ある羅漢堂に納められている。本堂に入って拝観受付を通り左手の羅漢堂の中へと進むと、盧舎那仏などの仏像を囲むように壇上にたくさんの表情豊かな五百羅漢が並んでいる。享保年間に京都でつくられ、この寺に運ばれたものだという。一つ一つを眺めていると、いつの間にか心が和んでくる。

堂々とした蚕霊塔（中央）と針供養塔（右隣）

報恩寺山門と奥に見える中門

所在地：岩手県盛岡市名須川町31－5
報恩寺境内
交通：ＪＲ東日本「盛岡」駅から徒歩約30分、盛岡都心循環バス「でんでんむし」右回りで「本町通一丁目」から徒歩約15分、または岩手県交通バスで「北山」（平日運行）から徒歩約5分

虫供養塔

・福島県喜多方市

素朴ともいえる「虫供養塔」が福島県の喜多方市にある。郡山から磐越西線で会津若松に向かい、さらに磐越西線を乗り継ぐと、20分ほどで喜多方駅の二つ手前の無人駅姥堂《うばどう》に着く。駅を右手にしばらく歩いてぶつかる広い通りを右に進むと「柴城《しばじょう》」の標識がある。そこを左折して柴城の集落を過ぎ、突きあたりを左に折れると右手に20戸弱の「万力《まんりき》」の集落が見えてくる。姥堂駅からは水田地帯をひたすら歩いて30分ほどの距離である。万力にある無住の楞厳寺《りょうごんじ》の堂の左手に「虫供養塔」が立っている。

三つ並んだ石碑のうちの一番右のもので、高さ61cm、横幅23cm、奥行き23cmほどの大きさである。正面は「虫供養」の3文字。左隣の石碑は磨耗のために読みにくいが「三界《さんがい》萬霊塔」で、その左側の石碑には「八日供養塔」の文字が見える。「塩川町史」によると、この虫供養塔は万霊塔の一つと考えられる。10月10日に集落ごとに旦那寺に集まり一年間に諸作物についた虫や農具に当たって死んだ虫の霊を祀っていて、かつて万力でも行われていたらしいと記されている。

集落の区長や、彼を通じて90歳代の古老に訊いてもらったが、詳しいことはわからなかった。小さい頃にはすでにあったとのことで、できてから少なくとも100年くらいは経っているのではないかといわれた。市の調査でも建立年は不詳であったという。石材といい文字といい、素朴そのもののたたずまいである。農作物の害虫を供養し、被害がなくなることを祈る農民の切実な思いをそのまま形にした虫塚の原型だと思えてくる。

所在地：福島県喜多方市塩川町四奈川若宮丁26
交通：JR東日本磐越西線「姥堂」駅から徒歩約30分

楞厳寺の虫供養塔

楞厳寺の堂（供養塔は左側にある）

三つ並んでいる供養塔（虫供養塔は右）

虫供養の碑

・福島県三島町

村人が参加して虫供養が行われている山村が、新潟県に近い福島県奥会津の三島町にある。会津若松駅から只見線で約1時間半、無人の早戸駅で降り、駅前の国道252号線（沼田街道）右手の早戸温泉郷トンネルをくぐると10分ほどで早戸温泉の「湯の平」に出る。薬湯温泉つるの湯などがある。その国道の先の長い早戸トンネルに入り「早戸本村入口」の標識からトンネルを出て坂道を登っていくと居平《いだいら》の集落に着く。さらに坂道を進み墓地を通り抜けると「虫供養の碑」が見えてくる。かつてはその先にも道が通じていたそうだが、今では行き止まりとなっている。

地元の佐久間定雄氏によれば、虫供養は昭和11年（1936）生まれの氏が幼い頃にはすでに行われていたが、いつ頃始まったものかはわからない。農作業などで死なせてしまったいろいろな虫を供養するのが目的のようだ。往時はそこに特別の碑はなく、桜の古木を供養塔に見立てていたが、2003年に木彫りの供養碑がポプラ材でつくられた。高さ3m、幅50㎝もある大きなものだったそうだが、急速に腐朽が進んだため2012年に現在の石の供養碑につくり換えられた。新しい碑は、横幅１２５㎝、高さ35㎝ほどの地元産の石の上に載った御影石製で、高さ55㎝、横幅45～68㎝、奥行き35㎝ほどの大きさである。正面に「虫供養の碑」、裏側に「平成24年吉日　佐久間源一郎建立」と彫られている。かつて近くには道祖神があった場所であることが、小さな柱で示されている。

毎年11月10日（かつては旧暦10月10日）の午後1時頃に、鉦を叩く古老を先頭にして村人たちが庭の小菊などの花を持って碑の前にそれぞれ集まり、虫の霊を慰める虫供養が行われる。この地には寺がないので、隣町の金山町高林寺で用意する卒塔婆やお札が碑の前に供えられるが、そのとき僧侶が加わることはない。最近では小学生や会津地方の他の人

御影石製の「虫供養の碑」と卒塔婆

「虫供養の碑」の裏面と現地を案内してくださった佐久間定雄氏

早戸地区生活改善センター前の「神々の道案内図」

たちも参加して20～30名の人数となり子供たちにお菓子などが配られるが、かつては鍋で持参した煮物などがふるまわれ、子供たちの楽しみになっていたという。筆者が訪れたのは虫供養のときではない6月末だったが、「諸虫供養村内安泰」の文字が書かれた前年の卒塔婆が石碑の近くに置かれていた。

居平地区には全部で30ほどの神々の祠が散在し、それらをつなぐ道は「神々の道」と呼ばれている。「湯の平」から早戸トンネルの手前で左側の斜面を登る急な杣道《そまみち》もその一部で、あえぎながら進むと「湯殿山・飯豊山」「無上霊宝神道」などの祠がある。この道はやがて居平集落の裏手に出るので、先に書いた長い早戸トンネルや集落までの坂道を歩かなくてすみ、距離や時間の短縮になる。

この辺りは過疎化、高齢化が進み、２０１７年の取材時には9戸となっていた。今では林業や農業に従事している人はいないのに、虫供養の行事が残っていることに村人の心優しさを感じる。この行事は「三島の年中行事」の一つとして県指定無形民俗文化財になっている。

所在地：福島県大沼郡三島町大字早戸字居平
交通：ＪＲ東日本只見線「早戸」駅から徒歩約50分

虫供養塔

・福島県金山町

道路脇にある虫供養塔

「虫供養の碑」（36頁）がある奥会津の三島町の隣町である金山町にも虫供養塔がある。会津水沼駅から国道２５２号線（沼田街道）を右手に進み、水沼橋を渡って左手の坂道を登ると真言宗赤岩山高林寺である。その前の杉林を抜けた左側の道路脇に立っている。高さ62㎝、横幅25㎝、奥行20㎝ほどの大きさだ。正面には梵字の下に「虫供養塔」、向かって右側にはやや読みづらいが「明治廿二年」、左側には「十月十日建立」と浅く彫られている。

毎年11月10日には高林寺の住職が供養塔の前にお札を立てて虫供養を行う。この地方では高林寺ばかりでなく同じ日に虫供養を行う風習があり、他の集落の寺にも虫供養の碑があるようだ。

所在地：福島県大沼郡金山町大字水沼字沢西９７２（高林寺）
交通：ＪＲ東日本只見線「会津水沼」駅から徒歩約15分

蟬鐘楼

・茨城県下妻市

大宝《たいほう》八幡宮は、藤原時忠が常陸国河内郡へ下向の折に筑紫の宇佐神宮（現、大分県宇佐市の宇佐八幡宮）を勧請したことに始まる歴史ある神社で、大宝元年（７０１）の創建である。関東鉄道大宝駅の趣のある瓦葺き駅舎から緩やかな坂道を登ると、すぐに神社の大きな三の鳥居の手前に出る。南参道から神社に参るのには銅板化粧をした神明形式の大きな一の鳥居、二の鳥居、三の鳥居をくぐるのだが、大宝駅からの道はその途中に出ることになる。三の鳥居の先の随身門をくぐると拝殿である。その奥に国指定重要文化財である本殿が見える。

拝殿の右手前、手水舎の隣にあるのが平成22年（２０１０）に建立された「蟬鐘楼《せみしょうろう》」で、県の指定文化財である鐘が中心に下がっている。注目すべきは鐘楼の屋根の四辺に精緻な形のセミが載った瓦が据えられていることである。四つの丸い形の吊り灯籠にも菊の紋章と並んでセミの細工があり、さらには破風の下の懸魚の奥の二か所には木彫りのセミの姿が見える。

セミの瓦を載せた蟬鐘楼・万葉の歌碑と同行の昆虫学者宮﨑昌久氏

蟬鐘楼の上に飾られた火伏のセミの瓦

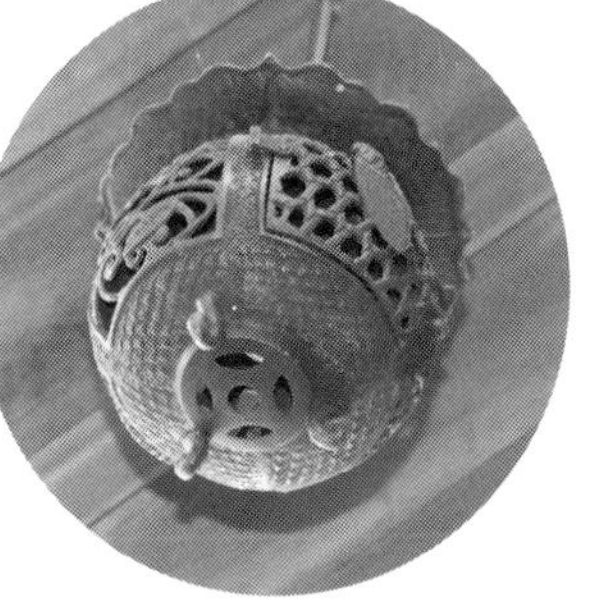

蟬鐘楼の吊り灯籠にあるセミの彫刻

なぜセミの姿がここにあるのかについては、鐘楼前の高札に鐘楼の由来とともに記されているのでその内容を引用したい。

「鐘は埼玉県岩槻市平林寺を開山した、石室善玖が嘉慶一年（１３８７）鋳造。大工沙弥道作。この鐘は天正一年（１５７３）九月、多賀谷氏が戦利品として持ち帰り奉納したと伝わる。明治時代以前は実際に撞かれていたが、県指定有形文化財として宝蔵されている鐘を往時の姿に戻す為、篤志の方々の協力を得、元の位置に復建したものである。瓦と彫刻に『蟬』を配したのは永久の防火・火災難除の祈りをこめたものである」

セミは「蟬時雨」と雨を連想させ、飛び立つ際に俗におしっこと呼ばれる水分を出したりする。このことから　神社仏閣の火伏（火災除け）のために古来銅製のセミを飾る風習があるが、ここのセミも同様の目的でつくられたことがわかる。実際にこのお宮はかつて火災に遭ったことがあるという。

明治時代初めの神仏分離に至るまでは神社と寺が同じ境内にあるのは珍しいことではなく、現在でもそのような例を多く見ることができるので、神社であるこの場所に梵鐘があることも不思議ではない。

鐘楼の前にある歌碑は、鐘や鐘楼とは関係はない万葉集の和歌を刻んだものである。

神社の境内には摂社や多くの末社などの境内社が並んでいる。六月の最終土曜日には二の鳥居と三の鳥居の間の三吉山《さんきちやま》と呼ばれる林で流鏑馬《やぶさめ》が催行されており、またその頃には境内の北側の奥「あじさい神苑」で「あじさい祭」が開かれて多くの人でにぎわいを見せるそうだ。社務所で蟬鐘楼の由来などを訊いているうち、その鐘を撞かせていただけることになった。境内の神域には夫婦檜、大銀杏、大王松などの大きな木々がそびえていて、セミに思いをはせながら撞いた鐘の音は静かな尾を引きながらそれらの奥に消えていくようだった。

所在地：茨城県下妻市大宝667（大宝八幡宮）
交通：関東鉄道常総線「大宝」駅から神社まで徒歩約5分

蚋橋碑

・茨城県常陸太田市

かつて久慈郡水府村だった常陸太田市の松平町に「蚋橋碑《ぶゆばし》」という珍しい名前の石碑がある。この碑は興味深い由来を持つ。碑の横にある「蚋橋（蜉蝣橋）」の看板には「永承年間（1046〜1053）源義家が奥州の安倍頼時・貞任を攻めるためこの橋まで進軍したところ、蚋の大群におそわれて行く手をはばまれ、やむなく真弓山（市内真弓町）まで軍を戻して再挙をはかった」ことが記されている。工事の際に地中から見つかった奇石が蚋群の化石だったとの記述もある。蚋（ブユ）は渓流や小川などの比較的水のきれいなところで発生するハエの仲間で、地域によりブヨ、ブトとも呼ばれる。成虫に吸血されると痛みや痒みなどを引き起こすやっかいな害虫である。

この碑があるのは県道29号線と33号線が分岐する松平交差点に近い場所である。かつてこの地は「蚋橋（蜉蝣橋）」と呼ばれ同名の石橋がかかっていたが、老朽化のため大正5年（1916）に修復工事が行われ、そのとき蚋橋碑も建てられた。1994〜1995年の道路改修の際には橋がなくなり暗渠に変わった。蚋橋碑を囲む石柱の一本に「平成15

年7月吉日移設」と記されているので、その後現在の場所に移ったのかもしれない。

石柱をめぐらした中に「蚋橋碑」、左隣には「二十三夜塔」などが並んでいる。碑は本体の高さが173cm、横幅88cm、奥行きが30cmの大きさで、これが高さ20cm、横幅120cmほどの台石に載っているので全体の高さは2mほどになる。碑の上部には「蚋橋碑」、その下に読みづらくなっているが細かい漢字で由来が彫られ、左側には「大正六年三月水戸　大内西吉書」とある。

石碑の上部には「蚋橋碑」の文字が

吸血中のブユ（撮影：宮崎昌久氏）

所在地：茨城県常陸太田市松平町1096-1

交通：JR東日本水郡線「常陸太田」駅から茨城交通バス入合行きなどで「棚谷《たなや》入口」下車。そのすぐ前。バスの本数が少ないので車の利用が便利である

蚜虫供養塔

・栃木県宇都宮市

宇都宮大学農学部の応用昆虫学研究室はアブラムシ（野菜、果樹、花卉などさまざまな植物に寄生する昆虫）の研究で知られている。歴代の柴田文平、田中正、稲泉三丸の3名の教授がアブラムシを主な研究課題とした歴史がある。その流れを引き継いで、アブラムシの生活環や分類などについての研究が現在も行われている。

この研究室がある峰キャンパスの中の峰町1号館から少し離れた場所に、主にアブラムシを飼育している施設がある。その壁近くにアブラムシの供養碑が建っている。稲以外の農作物の害虫に関係した供養碑はとても珍しい。高さ49㎝、横幅11㎝、奥行き8㎝ほどのスマートなもので、正面に「蚜虫供養塔」、裏面には「1978宇大応昆」と彫られている。「蚜虫」とはアブラムシのことで「かちゅう」とも「がちゅう」とも読む。当時在学中であった森島啓司氏が中心となって、馬頭町（現、那珂川町）の石材店の協力を得て1978年に建立した。森島氏はのちに胸部が奇妙な形をしていることで知られるツノゼミの研究者、写真家として知られるようになった人である。
建立のときに供養塔の下にはアブラムシのプレパラート（顕微鏡での観察のために、スライドグラスとカバーグラスの間に虫などを封入したもの）が埋められたという。以前は峰町1号館近くの場所にあったが、建物の工事などに伴い現在の場所に移設された。

所在地：栃木県宇都宮市峰町350　宇都宮大学峰キャンパス内
交通：JR東日本東北本線・宇都宮線「宇都宮」駅西口からJRバス・東野バスで約15分「宇大前」下車

蚜虫供養塔

構内の樹木には多くの昆虫が生息している

田虫地蔵

・栃木市

栃木市寺尾地区の「遺跡と花の郷」星野にある「田虫地蔵」は、星野新町のバス停から進行方向の少し先にあるログハウス風の建物のすぐ横にある。横の「星野村づくり会」の看板には次のような解説が記されている。

「地蔵の信仰は平安末期浄土の世界への誕生を願う貴族のあいだにひろまり貴族たちや民衆の現生の罪状を一身にひきうけて六道の辻に立って冥界の苦しみを救う菩薩の姿として鎌倉時代この地区にも入ってきていた。星野の里の田虫地蔵は左手に宝珠をもち、右の手に錫杖を持ち千葉の青蓮華に安住しています　当時の農民たちは毎朝夕地蔵の前を通るたび田畑の虫『蝗』の退散と疫病防止子育て縁結びを祈願した」

この説明で「田虫」とは田んぼに発生する害虫のことを指していることがわかる。

本体が１２０㎝ほどの高さの地蔵は経年のため顔がわからないほど磨耗が進んでいて、これを食い止めるためか１９９４年に町内会により立派な屋根が設置された。周囲を庚申塔や馬頭観音、十九夜塔など10基ほどの石塔や石仏が取り囲む。右手には「みちばたの田虫地蔵に白団子」「にぎわいに夜更け忘れる庚申宿」のかるた風看板もある。

近くの県道32号線を渡ると「四季の森　星野」で、セツブンソウの自生地である。反対側の永野川の山口橋の欄干にはセツブンソウとカタクリの陶板がはめ込まれている。川を渡ると縄文時代の住居跡を復元した星野遺跡があり、さらに進むとカタクリの自生地である。２月のセツブンソウ、４月のカタクリの時期には花を見る人でにぎわうそうだが、田虫地蔵は訪れる人は稀で、ひっそりと村を見守るかのようである。

たくさんの石碑に囲まれて立つ田虫地蔵

星野のセツブンソウ

所在地：栃木県栃木市星野２５５番地付近
交通：ＪＲ東日本両毛線、東武鉄道日光線「栃木」駅北口から栃木市ふれあいバス寺尾線で約40分「星野新町」で下車、そこから徒歩約２分

昆虫供養塔

・栃木県上三川町

かつて栃木県宇都宮市に昆虫好きの若者が開いた昆虫館があった。1974年5月、宇都宮市上横田町の国道4号線沿いに開設された㈶昆虫保存協会の「昆虫保存館」がそれである。協会には理事が11名いたが、実際には若い昆虫愛好家日向《ひゅうが》博美氏が中心となって私財を投じ、この協会と保存館をつくった。当時は神主を呼んで供養祭も行われていたという。

日向氏は子供の頃から昆虫採集を始めたが、昆虫好きの人が集めた標本がやがて散逸しがちになることを惜しみ、保存館の建設を決意したらしい。日本国内に加え東南アジア、南米などの昆虫標本約10万点を所蔵していた。科学雑誌に紹介された記事に載っているイラストを見ると、建物の左側に「昆虫供養塔」がある。しかし、十数年後には土地を市に提供して他の場所と等価交換することになり、保存館もそのときに閉鎖を余儀なくされた。跡地は今では遊興店舗となっているそうだ。

昆虫館の膨大な標本の一部が宇都宮市に寄贈されたのち、残りは小山市に贈られた。昆虫供養塔の所在は不明であったが、当時の関係者をたどって調べたところ、協会の理事長を一時務めていた白石雄治氏が経営する会社近くの駐車場に移設されたことがわかった。

現地を訪れると、それは幅約3・4m、高さ約0・7mの台石の上に高さ2・3m、横幅1・6m、奥行き約0・7mの本体が載った堂々たる供養碑だった。昆虫保存館が宇都宮市にあったときには横に御影石製の五重塔も建っていたらしい。供養碑に手を合わせていると、虫好きの若者たちが昆虫に寄せていた純粋な気持ちが伝わってくるようである。

堂々たる昆虫供養塔の前の白石雄治氏（右）と筆者

かつての昆虫保存館の建物（提供：白石雄治氏）

所在地：栃木県河内郡上三川《かみのかわ》町上蒲生2173番地　白石環境㈱向かいの駐車場

交通：JR東日本東北本線「石橋」駅から車で約15分、または関東自動車（バス）宇都宮駅西口発「上三川」行きで約25分。「上蒲生」下車すぐ

蚕影山大日天子

・群馬県前橋市

前橋駅近くの代田《しろた》神社と同じ敷地にある淡島神社の社殿向かいに「蠶影山大日天子」の石碑がある。高さ182cm、横幅68cm、奥行き14cmほどあって、高さ約80cmの石に載る。中央の題字の右側に「身延山」、左側に「七十世」の小さな文字が見え、裏側に発起人の名前、右横に「慶応三年丁卯吉祥日」と彫られている。神社の由緒にこの碑の記述はない。辺りは蚕業にゆかりのある土地で、かつて近くにあった群馬県原蚕種製造所（のちの蚕業試験場）は前橋市総社町に移転するまで蚕糸業の試験研究や原蚕種の製造を担っていた。駅の反対側の敷島公園には群馬県指定重要文化財の国立原蚕種製造所前橋支所本館が前橋市蚕糸記念館として公開されている。

所在地：群馬県前橋市南町3丁目21－13
交通：JR東日本両毛線「前橋」駅南口から徒歩約5分

蚕影山大日天子の碑（右）

敷島公園ばら園にある前橋市蚕糸記念館

蚕影大神

・群馬県前橋市

上野《こうずけ》総社神社は新前橋駅西口から歩いて20分ほどのところにある歴史ある神社である。要所に標識があるので迷うことはない。元総社小学校の横を進み神明鳥居をくぐると拝殿である。拝殿を裏に回ったところにたくさんの道祖神や石祠とともに「蠶影《こかげ》大神」と彫られた大きな石碑が立っている。

高さ190cm、横幅60cm、奥行き17cmほどの大きさがある。裏側には「明治二十八年創立群馬蠶業共愛組合」の文字と多くの人名が見える。横に「大正四年三月建立」とあるので、組合の設立20年を記念して建てられたのだろうか。神社でこの碑のことを訊くと、旧黒保根《くろほね》村の蚕の神社に関係しているのかもしれないが詳しいことはわからないという。

上野総社神社拝殿の裏にある蚕影大神の碑

上野総社神社の拝殿と茅の輪くぐり

所在地：群馬県前橋市元総社町1－31－45
交通：JR東日本上越線「新前橋」駅から徒歩約20分

絹笠大神

・群馬県前橋市

熊谷《くまがい》稲荷神社は前橋市の総社町にある神社である。群馬総社駅近くの主要地方道前橋・伊香保線を少し入った場所で、古墳の上に位置している。鳥居の両脇にはたくさんの「庚申」と書かれた石が並び、鳥居をくぐって10段ほどの石段を登ると庚申と水天宮の石碑に挟まれて「絹笠大神《きぬがさ》」と彫られた石碑がある。本体が高さ168㎝、横幅68㎝、奥行き48㎝ほどの大きさで、右側に「昭和二年四月十五日」、左側には「町内中」と刻まれている。絹笠様（絹笠明神）とは群馬県で養蚕の神として祀られている養蚕守護の女神である。

この神社へは住所が似た元総社町の上野総社神社から歩いて30分以上かかる。

絹笠大神の石碑（中央）

たくさんの庚申塚が並ぶ熊谷稲荷神社入口

所在地：群馬県前橋市総社町総社1475
交通：ＪＲ東日本上越線「群馬総社」駅から徒歩約15分、「新前橋」駅からは徒歩約50分、総社神社からは徒歩約35分

蚕影碑

・群馬県高崎市

蚕の供養碑には蚕への感謝だけでなく、病気で死んだ蚕を埋めて霊を弔うものや霜害で桑の葉が枯れたため餓死した蚕を供養するものがある。その蚕影碑《さんえいひ》は雹《ひょう》で桑の葉が損傷したため餓死した蚕を供養したもので、高崎市の郊外箕郷《みさと》柏木沢の不動寺前の道を右に進んだ緩やかな斜面に立つ。一帯には蚕影碑のほか道祖神、青面《しょうめん》金剛、猿田彦大神、庚申塔などの石碑が並んでいる。

高さ約126㎝、横幅約102㎝、奥行き約60㎝の不整形で、台石に載っている。正面上部には右から「蠶影碑」の3文字と、その下に7行にわたって漢字が刻まれ、裏面には「明治三十丁酉年五月建立」と記されている。碑は1974年10月22日に高崎市の指定史跡になっていて、碑の左側に詳しい解説板が、右側にはそれを示す木柱がある。

解説を要約すると1887年5月23日群馬県相馬村（現在の高崎市箕郷町柏木沢、北群馬郡榛東《しんとう》村広場場）を中心に激しい降雹があった。「天気のよい日だったが空模様が急変、雹が押し寄せるが如く降り注いで見る間に二尺ほど積り、屋根から落ちた軒下には子供の背の高さほどになった」（箕郷町誌）。この降雹で桑の葉や麦・野菜などに大きな被害を生じた。特に桑の被害は甚大で蚕を飼うことができなくなったので、村人たちは不動寺前の岡に穴を掘って蚕を埋め、霊を慰めた。碑は1897年に村人たちが惨状を後世に伝えるために建てたものである。

今も4月の第一日曜日に村人の代表が碑の前に集まり、不動寺住職の読経のもと「衣笠《きぬがさ》（絹笠）様の霊祭」が営まれる。

不動寺近くにある高崎市指定史跡の「蚕影碑」

不動寺の山門とその奥にある本堂

所在地：埼玉県高崎市箕郷町柏木沢
　不動寺の近く
交通：JR東日本上越新幹線、北陸新幹線「高崎」駅から群馬バス「高崎駅～井出～相馬ヶ原自衛隊～しんとう温泉・榛東村役場線」で約25分、「第二保育園」前で下車徒歩約5分

蚕霊供養碑

・群馬県安中市

かつて日本の経済を支えた蚕糸業は全国的には衰退したが、碓氷《うすい》製糸株式会社（旧、碓氷製糸農業協同組合）は現在も繭から生糸をつくる器械製糸を行っている国内2社の一つで、日本最大の生糸生産量を誇っている。

年間の繭の収納量は71・5ｔで、うち約64％にあたる45・6ｔが地元の群馬県、そのほかは東北から九州に至る各県からのものである。これによる13・6ｔ、12億1000万円の生糸生産が行われている（平成29年度）。

桑畑の間の緩やかな坂道を下ると工場のいくつもの赤い屋根が見えてくる。その建物の向かいの駐車場の奥には台座に載った「蚕霊《さんれい》供養碑」が立つ。工場に受け入れられた蚕の繭は、中の蛹が成虫になって繭を破るのとカビの発生を防ぐため繰糸の前に熱風で乾燥される。その工程で命を落とす蚕を慰霊する目的でこの碑は建てられた。高さ、横幅とも110㎝、奥行き15㎝ほどの大きさで、裏面には「昭和五十一年七月吉祥日　小板橋実建立」と刻まれている。小板橋氏はこの協同組合の当時の組合長である。

碓氷製糸農業協同組合は松井田町の東邦製糸株式会社を引き継ぐ形で1959年に設立されたが、歴史は1915年にまでさかのぼる。構内にはその歴史の証人のような1918年建立の石碑があるそうだ。組合は2017年5月に現在の碓氷製糸株式会社へと形を変えた。これまでの伝統を受け継ぎつつ、優良な繭を確保し、品質のよい生糸を生産すること、愛される絹製品等を提供することを通じて絹産業全体の発展に寄与していきたいとしている。人数などによるが事前の予約によって工場見学ができるのもその一つの現れであろう。

碓氷製糸(株)構内にある蚕霊供養碑

歴史を感じさせる近くの桑園

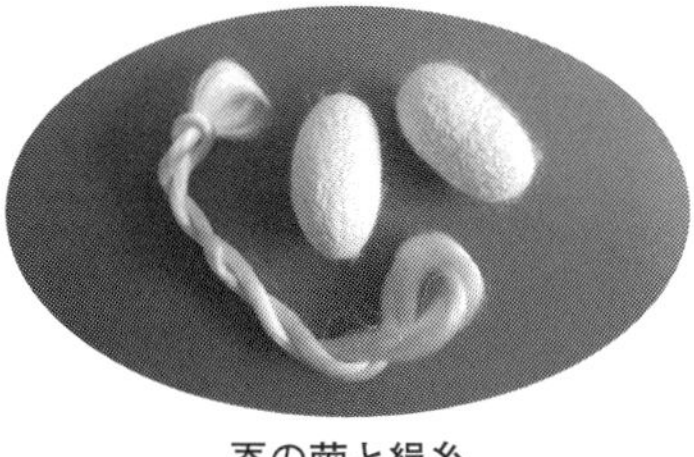

蚕の繭と絹糸

所在地：群馬県安中市松井田町新堀甲909番地
交通：JR東日本信越本線「西松井田」駅から徒歩約10分、または上信越道松井田妙義インターチェンジから車で約5分

蚕影山

・群馬県みなかみ町

猿ヶ京温泉は、山間の集落にホテルが点在する温泉地である。猿ヶ京行きのバスを関所跡バス停で降りると国道17号線の斜め向かいに神明神社の石の鳥居があって、そこをくぐると神明神社へと導かれる。さらに鳥居が二つある急な石段を登る。途中の踊り場の右にあるのが「蚕影山《こかげさん》」の石碑である。

安山岩と思える本体の高さは114cm、横幅72cm、奥行き20cmで、台座は横幅93cm、高さ37cm、下段の乱積みの石組は高さ約60cm。本体の研磨された部分に「䗪影山」の3文字が刻まれる。「䗪」の文字は、神、虫で構成されており、蚕に対する崇敬の念が込められている。この神を使った蚕の文字は青梅の武蔵御岳《みたけ》神社の境内社「蚕養社《こがいしゃ》」でも目にした。

「蚕影山」碑の横に立つ氏子総代による昭和62年（1987）4月設置の看板に由来が詳しく記されている。田んぼが少なかったこの土地で養蚕は一年の生計のほとんどを賄う重要な収入源で、特に繭の量が多く成績もよかった春蚕《はるご》に力を入れていた。その大敵が霜害で、どの家でも高木栽培をして被害を防ごうとしていたが、昭和2年（1927）5月12日の霜害はものすごく、桑の木は芽の部分まで全滅した。交通手段が発達していなかった当時はよそから桑の葉を運ぶこともままならず、蚕を集めて埋葬せざるを得なかった。それを祀ったのがこの「蚕影山」碑で、ここを参拝すると霜害を防げ、蚕の病気もなく繭も大当たりしたという。

石段の残り半分を登ると拝殿と朱塗りの本殿に達するが、その手前左側には金精堂の小さな祠がある。昔は養蚕の盛んだった土地を示すように、国道から参道近くに桑の木々が姿を残している。

神明神社の社殿への階段途中にある「蚕影山」碑

神社近くに残る桑の木が往時を偲ばせる

所在地：群馬県利根郡みなかみ町猿ヶ京温泉1501
交通：JR東日本上越新幹線「上毛高原」駅から「猿ヶ京」行き関越交通バスで約30分「関所跡」で下車、そこから徒歩約10分

蛍の碑

・埼玉県さいたま市

武蔵国一宮の氷川神社、県営大宮公園近くの大宮第二公園、第三公園は埼玉県民のスポーツや憩いの場である。大宮公園駅から見沼代用水を渡り、第二公園に入ると、すぐ右の木立に「蛍の碑」が見える。

１９７９年10月に設置され、高さ３１０㎝、横幅２３０㎝、奥行き１９０㎝ほどの大きな広域変成岩で、正面に「螢の碑」と彫られ、裏側の２枚の銘板のうち上の１枚には「見沼源氏蛍発生の地」の表題で、この地は古くから蛍の名所として知られ、明治26年（１８９３）には宮中への献上が始まったこと、昭和７年（１９３２）６月に一部が天然記念物保護地区に指定されたが第二次世界大戦後には発生が途絶えたこと、以前の碑が道路拡張工事のため撤去されたため豊潤な自然がよみがえることを願ってこの碑をつくることなどが大宮市教育長中藤喜八郎氏の名前で記されている。

下の銘板で「大宮北ライオンズクラブ認証10周年記念に大宮北ライオンズクラブと大宮見沼ライオンズクラブが寄贈した」ことがわかる。

田山花袋は著書「東京近郊一日の行楽」でこの辺りを「蛍時分には早くから旅館で蛍を取らせて、客の需要に応ずるやうにしてゐるから、帰りにはそれを土産に持って来ることができる」と記している。また、「彩の国音頭」やさいたま市の「大宮音頭」でもホタルが歌われている。

県道2号線を隔てた「大宮第三公園」の「光の門」では頂部にカブトムシとトンボを載せた2対の塔が来園者を迎える。駅の反対側が世界的に有名な盆栽町で、「さいたま市大宮盆栽美術館」、漫画の創始者といわれる北澤楽天の業績を伝える「漫画会館」などがある。

大宮第二公園の「蛍の碑」と同行の千野義彦氏

大宮第三公園のトンボとカブトムシのモニュメント

所在地：埼玉県さいたま市大宮区寿能町　大宮第二公園内
交通：東武鉄道野田線（アーバンパークライン）「大宮公園」駅から徒歩約17分

虫供養之碑

・埼玉県さいたま市

埼玉県植物防疫協会は、植物の生育に影響を与える病害虫や雑草の防除などを主体に、植物を取り巻く生物的な環境要素の解明と管理に関する事業を推進し、埼玉県の農業および植物の生産管理に寄与することを目的として設立された社団法人である。

１９８３年に協会の30周年を記念して埼玉県農業共済会館で式典が催行され、「虫供養之碑」の除幕式が行われた。横幅１０２cm、高さ78cm、奥行き10～16cmほどの磨きだされた石碑で、表面には「虫供養之碑」「埼玉県知事　畑和書」と刻まれている。

虫の日の6月4日頃、関係する職員が碑の前で慰霊の気持ちを毎年捧げている。

当時の埼玉県知事揮毫による「虫供養之碑」

所在地：埼玉県さいたま市大宮区北袋町１－３４０　埼玉県農業共済会館

交通：ＪＲ東日本京浜東北線・宇都宮線・高崎線「さいたま新都心」駅東口から徒歩約10分、ＪＲ東日本京浜東北線「与野」駅から徒歩約７分

蚕蛹供養塔

・埼玉県本庄市

本庄駅から歩いて10分ほどの大正院《だいしょういん》という寺に蚕の供養塔がある。大正院は真言宗智山派に属し、天正11年（1583）権律師正算の開山である。「蠶蛹《さんよう》供養塔」と刻まれた立派な石碑は、近代風の本殿の左側の植え込みにある。弁財天の一角なのだろうか。裏面には上部に製糸会社八つの社名と支店や工場名が、その下にはたくさんの人の名前が刻まれ、左側に「大正十二年三月二十七日建」と「大正院第二十三世」の文字が見える。繭の集散地として栄えた本庄の蚕糸業関係者によって建立されたものである。

２０１１年に蚕霊供養祭が復活し、その後も毎年5月28日に大正院で続けられている。

所在地：埼玉県本庄市本庄2－4－8　大正院境内
交通：ＪＲ東日本高崎線「本庄」駅北口から徒歩約10分

大正院本堂近くにある「蚕蛹供養塔」

繭の中の蚕の蛹（撮影：関口洋一氏）

蚕桑碑

・埼玉県小川町

「和紙のふるさと」として知られる小川町。かつてここに「飯田稚蚕共同飼育所」があり、跡地に「蚕桑碑《さんそう》」が立っている。

小川町駅からは少しわかりにくい場所で、「駅入り口」信号から電車の線路に沿うように国道254号線を進み、「飯田」の信号から県道274号に入って「飯田西」の信号を右に折れ、さらに左に曲がった路傍にある。1988年の建立で、各地にある蚕の慰霊碑に比べると時代が新しい。不整形で高さ1m、横幅85cm、奥行き20cmほどの大きさである。碑の正面の右側には「蚕桑碑」「飯田稚蚕共同飼育所事跡」、左側には「昭和63年6月吉日建立」「桑の実も花の名残や鷹居起」の文字が建立の趣旨を詳しく記した碑文を挟んで彫られている。

碑文並びに小川町発行の「小川町の歴史」を参考にすると、第二次世界大戦中の蚕糸業は生糸輸出の途絶によって方向転換を迫られたが、戦後になると大豆や小麦の輸入と引き換えに生糸の輸出によって活況を呈するようになり、この地に1953年に地域産業振興の一環として稚蚕の共同飼育所が建てられた。しかし、産業構造の変化によって製糸業は1965年頃から再度衰退の道をたどり、飼育所も1986年に歴史を閉じた。蚕桑碑はその頃「心の遺産」を記念してつくられたが、現地で当時を知る人に訊くと碑の裏面に名前がある吉田家の人たちの尽力によるところが大きいという。

この場所には時をほぼ同じくして精米所があり、いくつかの石臼が転がっているのはその名残である。道路の向かいや近くには桑の木が何本もあって、かつて養蚕が盛んだったことを偲ばせる。

稚蚕共同飼育所跡に立つ「蚕桑碑」

近くには桑の木が少し残っている

所在地：埼玉県比企郡小川町飯田中島の路傍
交通：東武鉄道東上線、ＪＲ東日本八高線「小川町」駅から徒歩約20分

蚕魂之碑

・埼玉県滑川町

つきのわ駅北口の先の信号を右折して関越自動車道をくぐると右側に月輪《つきのわ》神社の木立が現れる。境内への道の入口にある「月輪神社」と書かれた石柱と不整形の「蠶魂之碑《さんこん》」が道路から見える。碑は高さ90cm強、横幅は広いところで80cm、奥行きは10cmほどの大きさである。裏側に「昭和四十三年八月吉日建立　施主月輪養蠶組合　埼玉県議会議員小久保太郎書」と彫られている。

その左には高さ１００cm、横幅80cmほどの「月輪稚蚕共同飼育所建設記念碑」が並ぶ。記念碑の表側に彫られた碑文は滑川《なめがわ》町から全文の提供により初めて知ることができた。月輪養蚕組合では養蚕事業の発展に伴い三つの養蚕組合を統合し、協同飼育所を昭和40年（１９６５）に開設した。開墾による桑園の拡大を行うなど昭和42年に繭の生産で立派な業績を収めたことを機に蚕児の供養のために建立されたものだった。

裏側には「月輪稚蚕共同飼育所建設記念」の文字とともに役員、建設記念者、組合員の順に建設に関係した人々の名前が一面に彫られている。

滑川の丘陵地は明治から昭和にかけ養蚕が盛んで、「滑川町郷土かるた」では㋮繭だんご桑木に飾り小正月、㋵養蚕と米で支えた農家の暮らしの二つに名残をとどめ、滑川音頭でも養蚕が歌われている。町によると２０１５年の時点で農家２戸が養蚕業を継続している。

大きな杉の木立に囲まれた月輪神社の歴史は古く、拝殿横に立つ滑川町観光協会、滑川町教育委員会設置の由緒によると、須佐之男命など七柱の神々が祭神で、和同２年（７０９）に大宮氷川神社の神霊がこの地に分社された。

所在地：埼玉県比企郡滑川町月輪神社の入口

交通：東武鉄道東上線「つきのわ」駅から徒歩約15分

稚蚕協同飼育所跡の「蚕魂之碑」と「月輪稚蚕共同飼育所建設記念碑」

月輪神社の社殿

みつばちを讃える碑

・埼玉県吉見町

全国各地にあるミツバチの感謝碑や供養碑の多くは養蜂組合などの団体によるものだが、この碑は埼玉県吉見町の養蜂業者㈲間室《まむろ》養蜂場が独自に建てた。「花粉交配用ミツバチ」に加え、各種の養蜂道具や、蜂蜜、ローヤルゼリー、プロポリスなどの販売も行っている会社である。

県道33号線に面した建物の奥の巣箱が並ぶ蜂場の一角に「みつばちを讃える」と題された石碑がある。元会長の間室輝雄氏が1996年8月8日に建立したもので、「平成蜂年蜂月蜂日」と刻まれ、碑文の内容ともどもミツバチへの親愛の情が溢れる。本体は高さ110cm、横幅150cm、奥行き14cmほどの大きさがある。

碑の本文に刻まれているのは次のような文言である。

「約四万二千年前に形成された琥珀（植物の樹脂の化石）の中にみつばちが発見され細菌の繁殖を防ぐプロポリスを採取していたことが証明されています　一匹の女王蜂と二万匹前後の働蜂と僅かの雄蜂が一家をなして固い絆で何万年も繁栄を続けてきたことは称讃に

値いします　春は梅の花にはじまり　梨・りんご・サクランボやハウス栽培の苺・スイカ・メロン等の花粉交配でその効果ははかり知れず　産物である　ハチミツ・ローヤルゼリー　花粉・プロポリス・ミツロー・蜂針などで人類の健康にも大いに貢献しています　みつばちのもつ勤勉・団結・貯蓄の精神こそ私達の鑑とすべきものです　一家を侵害するものには生命をかけて守り　大家族が和をもって幸せをもたらす可憐なるみつばちに心より愛をこめて感謝を捧げます」

社屋の奥の蜂場にある「みつばちを讃える」碑

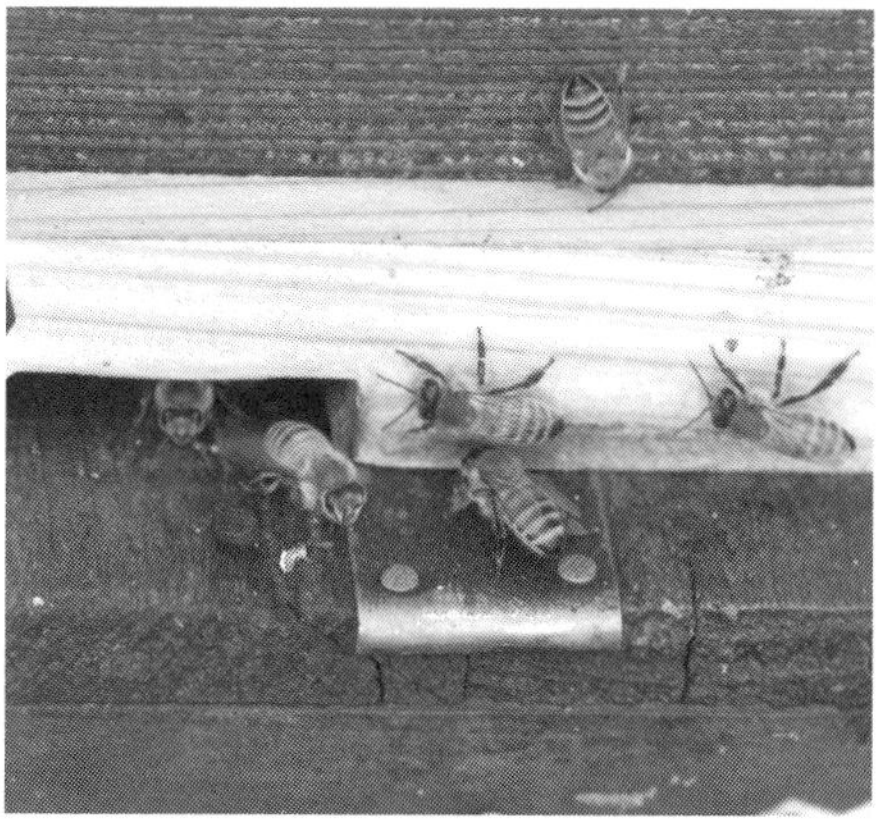

冬場の蜂場で働く間室養蜂場のミツバチ

所在地：埼玉県比企郡吉見町大串1257－3

交通：JR東日本　高崎線「北本」駅西口から車で約15分。関越自動車道「東松山インター」より車で約15分

蜜蜂の碑

・千葉県館山市

房総半島南部に位置する館山市は風光明媚な温暖の地である。秋になると、ここで冬越しをさせるため東北で養蜂業を営む人たちが巣箱に入ったミツバチを運んでくる。ミツバチたちは4月中下旬までをこの地で過ごすのだ。その館山市にある安房自然村の一角に「蜜蜂の碑」が建てられたのは1979年のことである。自然村の創業者である井手口正氏が懇意にしていた館山の養蜂業者一二三《ひふみ》多作氏の依頼を受けてこの地につくられた。井手口氏は鹿児島県内之浦町の出身で風景が故郷に似たこの地が気に入り観光業を手掛けた人で、一二三氏は青森県三戸郡（現、八戸市）で養蜂の修業をしたのち館山で独立して養蜂業を始めた人である。

安房自然村バス停から園内に入ると、少し奥まったところに立派な石碑がある。高さと横幅は160㎝、奥行き60㎝ほどある緑泥片岩と思われる大きな岩で、前面中央部の石板には「蜜蜂の碑」、右下には建立の趣旨とともに「昭和54年3月　千葉県養蜂協会　会員並賛同者一同」と彫られている。

毎年3月下旬になると、地元千葉県やミツバチを預けていた各地の養蜂業者たちが転飼《てんし》の手続きなどのため集まってくる。その時期に合わせて「蜜蜂の碑」の前で行われる「蜜蜂慰霊祭」は80名ほども参加する盛大なものだ。

僧侶の般若心経に全員で唱和し、焼香をして慰霊祭が終わると近くにある安房自然村のホテル正翠荘で養蜂に関連した分野の専門家を講師とした研修会が行われる。その後も業者たちは同業者同士の懇親を深めたり情報交換をしたりしたのち、ミツバチへの感謝の念を胸にそれぞれの地へと戻っていく。

石灯籠と並んで立つ「蜜蜂の碑」

3月下旬に「蜜蜂の碑」の前で行われる「蜜蜂慰霊祭」

所在地：千葉県館山市布良600　安房自然村
交通：JR東日本内房線「館山」駅から「安房白浜行き」JRバスで「安房自然村」下車、徒歩約5分

蚕の成虫と繭の像

・東京都杉並区

蚕糸業はかつて日本の近代化に大きく貢献した産業であった。国立の蚕糸試験場のほか、各県の蚕業試験場では蚕、絹糸や桑などに関する研究が盛んに行われていた。1980年に約70年にわたり研究の中心を担った農林省蚕糸試験場が東京都杉並区から茨城県の筑波研究学園都市へ移転することになった。

その跡地は杉並区に無償貸し付けされ、1983年には「蚕糸の森公園」に姿を変えた。公園には森や広場、大滝などがあり、今では防災機能を備えた区民の憩いの場となっている。正門や守衛所の建物が往時の姿を残し、正門の内側には1985年建立の「蚕糸科学技術発祥の地」の石碑がある。銘板にはこの地に1911年農商務省原蚕種製造所が開設されて以来、蚕業試験場、蚕糸試験場と名前を変えながら蚕糸科学技術の研究を進め、蚕糸業ばかりでなくわが国の近代化に貢献したこと、この地で生まれた蚕糸科学技術の今後の発展を願うことなどが記されている。

公園の外側を一回りすると、正門と対角線上の位置に「蚕糸の森公園」と記された石柱が建ち、青銅で鋳造された二つの蚕の繭と雌雄と思われる成虫（蛾）が載っている。石柱は高さ２０８㎝、横幅と奥行きは40㎝ほど、蚕の部分は全体で高さ約65㎝、二つの繭は40㎝と30㎝ほどの大きさがある。その歴史を知ってか知らずか、通り掛かりにカメラを向ける人の姿が多い。

東京メトロ東高円寺駅の改札口から地上への通路の壁には蚕の「たまご」「ふ化」「幼虫」「まゆ」「成虫」のかわいいイラストが貼られている。

所在地：東京都杉並区和田３−55−30「蚕糸の森公園」の南東角
交通：東京メトロ丸ノ内線「東高円寺」駅から徒歩約５分

モニュメント頂部の蚕の成虫と繭

正門近くにある「蚕糸科学技術発祥の地」の記念碑

鳥獣虫魚樹木草一切の霊

・東京都大田区

真言宗智山派の大楽寺は「いぼとり地蔵」で知られる。蒲田駅からのバスがあるが、歩いてもそれほどの距離ではない。駅の西口から京浜東北線沿いに南進、環状8号線を越えて右折し、しばらく先の道塚小学校近くにある。本堂右側の六地蔵の左にある細長い石碑が「鳥獣虫魚樹木草一切の霊」である。前住職にうかがうと、人間は繁栄を謳歌しているが、他の生きもののほうが先輩であり、生きとし生けるものは平等で命を大切にしなさいとのお釈迦様の教えを形にしたものだという。

五輪塔部分も含めた高さは160cm、横幅と奥行きが22cmほどの石柱である。裏側には「平成元年11月1日建立」とある。毎年供養祭が行われている。

所在地：東京都大田区新蒲田3−4−12

交通：JR東日本・東京急行電鉄（東急）「蒲田」駅西口から徒歩約15分

虫も含めた生けるものすべての慰霊碑

蚕糸科学教育記念碑

・東京都小金井市

東京農工大学小金井キャンパスの正門を入ると、左手の3階の建物が東京農工大学科学博物館である。建物の左側には花崗岩製の石碑があり、その足元には石でできた蚕の繭を配している。この石碑は「蚕糸科学教育記念碑」で、高さが正面で74cm、最大部で86cmあり、横幅128cm、奥行き26cmほどの大きさである。下に五つ並ぶ蚕の繭の大きさは40cm前後である。

東京農工大学工学部は、養蚕関係の研究に端を発する。碑面には「明治十九年十月西ヶ原に蚕病試験場設置」から学校の名前を何度も変えながら「昭和二十四年五月東京農工大学」に至るまでの歴史が時代を追って刻まれている。

左上にはケヤキの葉をデザインした大学の徽章、右上に桑の葉と蚕の繭とをデザインした徽章が彫り込まれている。裏面には「昭和二十三年十一月十二日製糸高分子工学部会有志建立」と彫られているのが読める。

博物館の玄関に入ると「筋骨格型ヒューマノイド　小太郎」のユニークな姿が目に飛び

石製の蚕の繭五つが前に並ぶ「蚕糸科学教育記念碑」

展示室に置かれている「蚕玉大神」の石碑

込んでくる。

博物館の1階と2階が展示室となっていて、1階には明治時代から現代に至る各種の製糸、紡績、織機、編機類が展示されている。2階の展示室には繊維関係の機械や昔懐かしい形のミシン類、江戸時代から明治時代の錦絵、各種の生糸や蚕のみならず野蚕《やさん》に至るまでの繭の標本が展示されていて壮観である。一室には「蚕玉大神」と刻まれた高さ30㎝ほどの自然石の石碑が展示されている。

所在地：東京都小金井市中町2−24−16
東京農工大学

交通：JR東日本中央線「東小金井」駅から徒歩10分

蚕蛹供養碑

・東京都町田市

熊野神社は、境内の看板によると伊邪那岐命《いざなぎのみこと》、伊邪那美命《いざなみのみこと》を祭神とし、元慶元年（877）大和の国城上郡《しきのかみぐん》三輪の里より勧請との伝承がある神社である。鶴川駅南口から鶴見川を渡り、起伏に富んだ道をたどると右手に鎮座している。

鳥居の右手に立つ「蚕蛹供養」碑

鳥居の右側に並ぶ3基のうち、右端が高さ110cm、横幅70cm、奥行き8cmほどの蚕の供養碑で、正面に「蚕蛹《さんよう》供養」、裏面に「創立七週年紀念　上三輪養蚕組合　大正十二年六月建立」と刻まれている。製糸の過程で、繭の中で殺される蛹を供養している。町田で養蚕が盛んだったことは、左手の石碑に「邑人能勉農桑敬神祇」の文字が見えることからもうかがえる。

所在地：東京都町田市三輪1925　熊野神社境内
交通：小田急電鉄小田原線「鶴川」駅から徒歩約15分

ほたる公園

・東京都福生市

正面に木々の茂った斜面を抱え自然の雰囲気を持つ住宅街の公園である。「ほたる公園」の石碑から中に入ると、左手が柔らかな曲面を持つ養殖施設「福生《ふっさ》ほたるドーム」である。公園の中ほどの山崎隆の彫刻「はじめての飛翔〜成虫になったホタルが夜空に飛び立つ〜」には「長い幼虫の時を過ぎ　成虫としてほたるが飛び立つその直前の様子を　水辺の草のイメージと重ねて　3つの石で構成しました」との説明板がある。中心の丸みを帯びた高さ93cm、横幅177cmほどの石に施された細かい線刻が印象的だ。左右の彫刻の上部にはホタルの成虫が彫り出され、6月には公園や近隣で「福生ほたる祭り」が開かれる。

所在地：東京都福生市南田園3−9−1
交通：JR東日本青梅線「牛浜」駅西口から徒歩約10分、
またはJR五日市線「熊川」駅から徒歩約7分

山崎隆の彫刻「はじめての飛翔」の左右にはホタルの成虫が彫り出されている

ほたる公園のゲンジボタル

むし塚

・東京都小笠原村

ミカンコミバエはかんきつ類のみならず、パパイヤ、マンゴー、トマトなどの果実を幼虫が食い荒らして大きな被害を与えるやっかいな害虫である。小笠原では、大正時代末期にミクロネシアから侵入したとされ、これらの農産物の出荷ができなくなっていた。

１９６８年の小笠原の返還を機に同年東京都では根絶のための基礎研究を開始し、国の協力も得て１９７８年に聟島《むこじま》列島、１９８１年に母島列島、１９８４年に父島列島の順で根絶するに至った。開始から実に17年の年月をかけ１９８５年に根絶が正式に確定して、その後農産物の本土への自由な出荷が可能になった。

鹿児島県や沖縄県では誘引剤などを使ってミカンコミバエの根絶に結びつけたが、ここでは効果をより確実にするため、鹿児島県や沖縄県のウリミバエで使われた放射線で不妊化した雄の成虫を大量に放す方法も組み合わされた。この虫塚はミバエ根絶を記念して関係者によって建立された。小笠原小・中学校から宮之浜に向かう道路近くの東京都小笠原支庁の「ミカンコミバエ再侵入警戒調査室」の裏手にあたる場所である。横幅50㎝ほどの台座に載った本体は高さ27cm、横幅27cm、奥行き15cmほどで、正面に「むし塚」と彫られている。母島から運ばれたロース石である。

１９８３年４月25日に関係者による虫霊祭が「むし塚」の前で執り行われた。虫霊祭に奉奠《ほうてん》された大神山《おおかみやま》神社神主の祝詞では、関係者の努力によってミカンコミバエが根絶に至ったことや、今後の蔓延がないことが祈られている。台風などによる再侵入を警戒して、今でも誘引剤によるトラップ調査が継続して行われている。

所在地：東京都小笠原村父島字東町
交通：父島二見港から徒歩約10分

ミカンコミバエのむし塚（写真提供：森田征士氏）

展望台からの父島二見港（撮影：小田義勝氏）

近くの高台にある大神山神社（撮影：小田義勝氏）

虫・菌・草の供養塔

・神奈川県平塚市

ＪＡ全農（全国農業協同組合連合会）営農・技術センターは、ＪＡグループの経済事業を技術面から支える耕種関係の研究施設として１９６２年に平塚市に開設された。日々の生産者の活動を支える技術開発とともに、未来を見据えた基礎的な研究にも力を注いでおり、生産者の手取り向上に向けて、農業技術の研究・開発、農産物・生産資材の検査およびＪＡグループの人材育成などに取り組んでいる。新しい品種や栽培技術の開発、農薬などの研究・開発のために害虫、植物病原菌、雑草などが試験に供される。

１９７２年頃にこれら害虫をはじめとするいろいろな試験対象の生きものの供養を目的にして墨で文字を記した木製の供養碑がつくられた。その後１９８２年には現在の花崗岩製の石碑につくり替えられた。以前は表の道路を挟んだ敷地（現、ＪＡ全農青果センター㈱奈川センター）にあったが、２０１０年の本館の移築に伴って現在の本館西側の芝地に移設された。頂部の宝塔部分を含んだ本体の高さは１３５㎝ほどあり、本体は一辺19㎝の角柱形をしている。

4面すべてに文字が彫られ、正面に「為諸虫菌雑類之衆生悉皆得解脱也」、裏には「昭和57年3月吉日建立　全農技術センター」と記されている。

かつて6月に行われていた供養祭は、現在では11月に時期を移して寺の住職を招き、営農・技術センター関係部門の研究者のみならず、本所の人たちも加わって毎年厳かに営まれている。なお、構内への関係者以外の立ち入りは禁止となっている。

所在地：神奈川県平塚市東八幡4－18－1
交通：JR東海東海道本線「平塚」駅北口から八幡工業団地行きバスで20～25分「全農前」で下車すぐ

試験生物の供養塔（撮影：今井克樹氏）

蚕守神

・神奈川県相模原市

相模原市は養蚕が盛んだった土地である。淵野辺駅からほぼ東にあたる住宅街に皇武《こうぶ》神社が鎮座する。境内の看板には創建は定かではないが、元和年間（1615〜1624）再建、延宝（1673〜1681）に境川縁の御嶽神社がこの地に遷座、明治5年（1872）に現在の皇武神社に改称、祭神は日本武尊《やまとたけるのみこと》であることが記されている。

鳥居をくぐり階段を登った右手奥に石碑や祠が並ぶ。そのうちの一つで丸みを帯びた自然石に「蠶守神」と刻まれている。大きさは高さ95㎝、横幅48㎝、奥行き20㎝ほどある。左側には読みづらいが「神奈川県農林技師正六位勲六等謹書　茂木長十郎」と見え、裏面には「氏子中　昭栄　淵野辺　中央　養蚕実行組合　昭和二十八年三月二十八日建立」とある。祠を挟んで平成2年建立の「蠶守神大神祠創建記念碑」が向かい合う。

手前には「蠶守神大神とおきぬさま信仰」と記された大きな御影石の石碑が奉納されている。「おきぬさま信仰」とは次のようなものらしい。

むかし蚕を飼っている淵野辺のある農家で、働き手の嫁が急な熱で寝込んでしまった。

おじいさんは皇武神社の神主から「早くよくなるようご利益のあるお札をあげよう」といわれた。翌朝には神主の娘が手伝いに来て、蚕のできが上々となり嫁の病気も治った。おじいさんが神社をお礼に訪れたところ、連れていた神主の娘が急に白蛇と姿を変え拝殿の中へと消えた。話を聞いた神主から「神様が私の娘に姿を変え、手伝いに行ったのだ。日頃の信心のおかげだ」といわれた。そのことが評判になり神社はお札と「おきぬさま」人形をもらう人々でにぎわった。

拝殿の右側にあって繭を思わせる「蠶守神」の石碑

拝殿の右手前にある「蠶守神大神とおきぬさま信仰」の碑

所在地：神奈川県相模原市中央区淵野辺本町４－20－11
交通：ＪＲ東日本横浜線「淵野辺」駅北口から徒歩約20分

蚕神

・神奈川県海老名市

かつて神奈川県蚕業センターは海老名市にあったが、のちに神奈川県農業技術センターに統合され、その跡地は住宅街となっている。その一角に「蠶神」の二文字が彫られた石碑がある。ひときわ目を引く大型の石碑で、本体の高さは250㎝、横幅98㎝、厚さ16㎝ほどの大きさがある。裏面には「神奈川県蠶業試験場創立二十五周年記念　昭和十年十一月神奈川蠶友会建立」と刻まれている。すぐ右横には「神奈川県蚕糸技術発祥の地」の碑が並び、裏側には「平成12年（2000）11月吉日建立　海老名市」と刻まれている。

囲いの外に右側にも古い石碑があって、地衣類が表面を覆っているため判読は困難であるが、「蠶友会」の文字が見える。

住宅街の中にある立派な「蠶神」の石碑

所在地：神奈川県海老名市中新田3－23
交通：小田急電鉄小田原線「厚木」駅から徒歩約10分

護蚕祠

・神奈川県藤沢市

七ツ木神社は一帯に多い鯖神社の一つである。湘南台駅近くの湘南台文化センターで藤沢街道を左折し、湘南台5丁目の信号の先を右に折れて進むと、田園地帯に出る。そこを左折すると木々に囲まれた七ツ木神社に着く。道路を挟んだ右手にはのどかな水田や畑が広がっている。神社の両部鳥居をくぐると、すぐ左手に道祖神などいくつかの石塔があり、その奥の木立に「蠶神社」と彫られた石碑が見える。

斜面にあるので少し近づきにくい。高さ72cm、横幅52cm、奥行き6cmほどの大きさで、厚さ20cmの台石に載っている。石碑の正面の「蠶神社」の文字の左右には細かい文字が刻まれているが、読むのは難しい。裏面には「明治廿八乙未年一月十三日」と彫られている。台石には縦方向に多くの人名が細かく彫られている。

鳥居の先にある本殿に向かう20段ほどの石段を上ると、すぐ左手にあるのが蚕を祀る石廟で、唐破風の入母屋造りをしている。境内社などに向かう二つの階段の間にあたる場所である。全体で130cmほどの高さがあり、破風の正面には「護蠶祠《ごさんし》」の3文字、上部には蚕の繭を思わせる模様がある。

廟身の背面には「大正十二年四月三日　建立」、左側には「下高倉養蚕組合　創立拾周年記念」と彫られ、石廟の基壇には組合長など多くの人名が並んでいる。この地区で養蚕を営んでいた人たちが、養蚕や製糸業の隆盛を願って建立したもののようだ。入口の鳥居に近い「蠶神社」の石碑よりも30年近く新しいことになる。

本殿の近くに「サバ神社巡り」の看板と並ぶ長後《ちょうご》地区郷土づくり推進会議、歴史散策の会が平成30年（２０１８）に設置した神社の説明看板には、養蚕関係の碑が境内にあると触れられているだけである。

七ツ木神社の鳥居と本殿への階段

鳥居近くの木立にある「蠶神社」の石碑

参道の左手にある「護蠶祠」

『地図に刻まれた歴史と景観　明治・大正・昭和　藤沢市』（新人物往来社）によると、この長後地域は養蚕が盛んだったところで、明治中頃から後期にかけて藤沢周辺に20以上もの製糸工場が建てられた。長後には持田第2工場があり、多くの女工たちでにぎわったという。大正10年（1921）頃の地図を見ると、長後から横浜市の一部である上飯田町にかけて桑畑の地図記号が全域を埋め尽くしている。

また、同じ書籍には、藤沢市御所見《ごしょみ》地域の葛原の「養蠶大神」の石碑の写真が載っていた。藤沢市役所に照会して得られた情報によると、碑の裏面には「明治廿九丙申年十一月廿八日御所村下講中」と彫られていたそうだ。七ツ木神社の「蠶神社」の碑の次の年につくられた碑であることがわかるが、市によるとこの石碑は当時の場所にはなく、現在の所在はわからないという。

七ツ木神社から近くの境川を渡ると横浜市泉区となり、「蚕霊供養塔」がある上飯田町の三柱神社や泉中央南の神明社はそれほど遠くない。

所在地：神奈川県藤沢市高倉1128
交通：横浜市営地下鉄ブルーライン「湘南台」駅東口から徒歩約20分、または小田急電鉄江ノ島線「長後」駅東口から徒歩約15分

ほたるの里

・新潟県長岡市

新潟県の越路町（現、長岡市）はホタルの名所として知られる。毎年６月には越路ホタルまつり実行委員会による「越路ホタルまつり」が開かれ、２０１９年には第22回を数えた。当日はさまざまなイベントに加え、塚野山牛の首地区ではホタル鑑賞も行われ大変なにぎわいを見せるそうだ。長岡市役所越路支所の近くで、この地がホタルの名所であることを示すように旧越路町のカラーマンホールを見ることができる。

越路支所に向かって左側の駐車場近くに鳩の形をした御影石製の石碑があり、「ほたるの里」「寄贈50周年　平成６年10月８日　東京都葛飾区新宿《にいじゅく》小学校学童疎開者一同」と刻まれている。

空襲などを避けて都市部の住民や産業が田舎に移動することを疎開と呼び、国民学校初等科（現在の小学校）の学童が

学童疎開50周年を記念してつくられた「ほたるの里」碑

集団で疎開したのが学童疎開である。新宿小学校のホームページ「新宿小学校のあゆみ」には、昭和19年（１９４４）９月１日に新潟県三島郡へ第一回疎開が行われたことが記されている。

三島郡はのちの越路町で、現在は長岡市の一部である。疎開50周年にあたり、新宿小学校からの疎開学童たちが越路町に送ったお金をもとに越路町が協力して碑を建て（２９６頁）、当日は町の教育委員会の職員や疎開学童の代表が立ち会った。デザインは越路町の教育委員会の職員が行い、平和への希求から「鳩」の形が選ばれた。

新宿小学校の校章には、貧しい若者が蛍の光と雪で苦労して勉学に励んだという中国の故事に倣ったホタルと雪に加えて葦がデザインされ、子供たちの立派な人間形成を願う気持ちが込められている。新宿の土地にはかつてホタルが多く発生したという。

1944年に集団疎開した新宿国民学校の学童たち（提供：新宿小学校）

近くにあるホタルのデザインの旧越路町マンホール

所在地：新潟県長岡市浦７１５　長岡市役所越路支所

交通：ＪＲ東日本信越本線「来迎寺《らいこうじ》」駅から徒歩約10分（駅から直進、駅入口信号で県道23号を左折した越路支所西信号近く）

集封蝗虫塚

・富山県南砺市

石武雄神社《いわたけお》は南砺市に鎮座する歴史ある神社で、石武雄神と天照皇大神が祭神である。高儀駅《たかぎ》から西方向、県道143号線と国道471号線とが交わる野尻西交差点近くに石の鳥居がある。石武雄神社の社号標を右手に農地の中の参道を進みその鳥居をくぐると左右に灯籠があり、境内へと入っていく。次の鳥居の先が拝殿だが、鳥居手前の右奥に「集《しゅう》封蝗虫塚《ふうこうちゅうづか》」がある。高さ84cm、頂部で87cm、横幅21cm、奥行き20cmほどの頂部が少し尖った四角柱である。

宮司の河合登志夫氏にうかがうと、この石碑はウンカの激しい被害を忘れないように、33年に一度の式年大祭が行われた昭和4年（1929）、東礪波郡野尻村（現、南砺市野尻）が建てたものである。以前は旧道脇にあったが、数年前に現在の場所に移動した。

一帯はニカメイチュウ、ウンカや、緑肥としてレンゲを生で鋤き込んでから除草や田面水保持目的に田面に水を湛えていたため根腐れによるいもち病が多く発生したところで、野尻村史料（昭和4年野尻村作成）にも水害、風害のほか年によって浮塵子《うんか》被害、螟虫《めいちゅう》被害、虫害、枯穂、悪作などの記述が見られる。

この野尻では現在も「除蝗祭」が毎年7月24日に行われ、農家は「熱送《ねつおく》り祭り」と呼んでいる。いもち病が多発生した名残であろうが、実際には虫害をも含めた催事である。蝗《いな》虫《むし》、羽虫、稲熱《いもち》等の悪しき病や旱魃《ひでり》、霖雨《ながあめ》がなく豊作となることが祝詞であげられる。

当日は神社での神事ののち、車に乗せた太鼓が通り過ぎるのを待って、農家は五穀豊穣を祈る神社の紙垂《しで》を竹に挟んで御幣にし、田んぼに挿していく。

この地方では同様な行事が今でも各所で行われており、「虫送り」と呼ぶところもあるという。

鳥居手前にある「集封蝗虫塚」

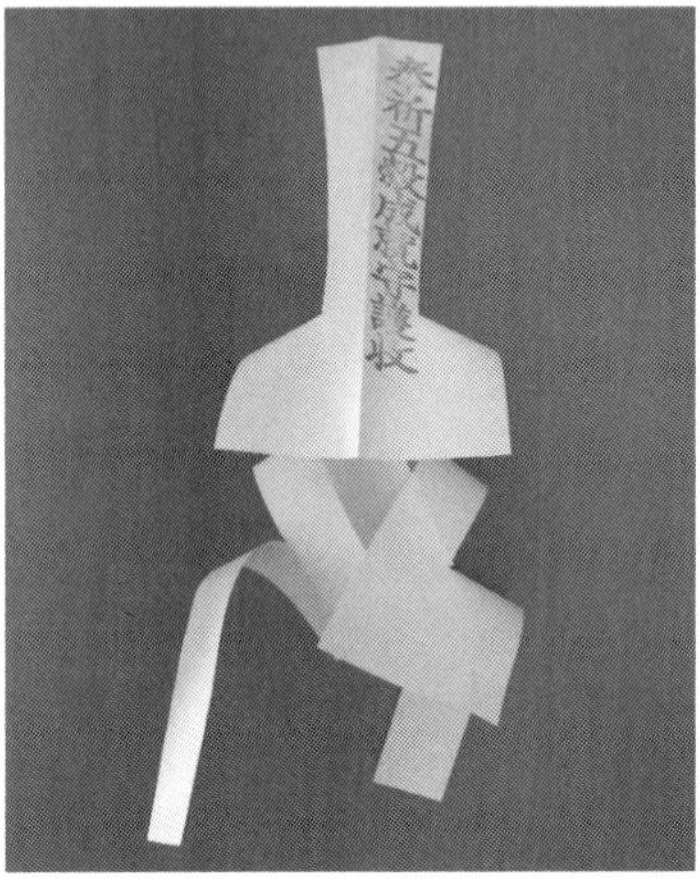
五穀豊穣を祈る石武雄神社の紙垂

所在地：富山県南砺市野尻7
11　石武雄神社
交通：ＪＲ西日本城端線
「高儀」駅から徒歩
約30分

蝗塚

・富山県南砺市

南砺市には、石武雄《いわたけお》神社のほかにもう一か所、虫塚がある。城端線の高儀駅から石武雄神社とは逆の南東方向に進んだところに鎮座する神明社である。天照大御神を祀った神社で、石武雄神社から歩くと城端線を横切って小一時間ほどかかる。

左側に「村社　神明宮」の社号標を見て石の鳥居をくぐった先には風雪対策のためにガラス囲いをした神明社の社殿がある。左奥の少し盛り上がったところに小さな石碑が見える。高さ40㎝、横幅14㎝、奥行き13㎝ほどの花崗岩の切石で、高さ20㎝、横幅と奥行きともに50㎝ほどの台石の上に載っている。正面には「蝗塚《むしづか》」の二文字が刻まれている。

福野町教育委員会発行の冊子「福野町のいしぶみ～東部・高瀬地区～」（１９８７）によると、この「蝗塚」の石碑はかつて上野俗称砂山の頂上にあって、駆除したウンカを集めて埋め、昭和15年に皇紀２６００年を記念して立てたものである。

宮司の上田敦氏によると、神社には詳しい記録が残っていないが、昭和40年代に行われた区画整理に伴う水路（六ケ《ろっか》用水）の改修で「蝗塚」は神社の敷地に移され、その後社殿の造営の折に現在の形に整えられたという。

毎年7月6日には「蝗塚」の前に榊を立て、宮司と神社の氏子総代による除蝗祭が執り行われる。ここでは虫送りや熱送りなどの行事は行われていない。

南砺市にはほかにも複数の神明社があるので、場所をまちがえないように注意したい。

所在地：富山県南砺市上野67
交通：ＪＲ西日本城端線「高儀」駅から徒歩約30分

「村社　神明社」の社号標のある神社入口

地面より少し高い位置にある「蝗塚」

ガラス囲いのある神明社の拝殿

実盛塚

・石川県加賀市

斎藤実盛は篠原の合戦で打ち取られた平家の武将である。倶利伽羅《くりから》峠で木曽義仲率いる源氏の軍に敗れた平家は加賀の「篠原の合戦」でも大敗を喫し、西へと逃れていくことになる。

小松方面から県道20号線を南西に進み、新堀川を渡ると右側に駐車場、その斜め向かいに「篠原古戦場　実盛塚」の木柱がある。細い道を通り抜けたところが篠原古戦場で、その中心が実盛の亡骸を葬った実盛塚である。立派な黒松が植えられている。

近くにある「実盛塚」の案内板には次のようなことが記されている。寿永2年（1183）5月、倶利伽羅峠での合戦から敗走する平家軍の中で踏みとどまって戦ったのが斎藤別当実盛である。実盛は木曽義仲の幼少時代の命の恩人だったが、これを秘し73歳という老齢を悟られぬよう白髪を黒く染め、名乗りをあげずに戦った。善戦むなしく手塚太郎光盛に討ち取られた。その亡骸を葬ったのが実盛塚である。首を洗った首洗池（211頁）はここから東方に位置し、実盛の死をあわれんだ義仲が実盛の兜や鎧などを奉納して供養を依頼した多太《ただ》神社が隣の小松市にある（207頁）。

かつて主に稲害虫の退散を願う「虫送り」という呪術的な行事が各地で行われていた。土地により異なる呼び方があるが、その一つが「実盛送り」である。彼が（あるいは彼の乗馬が）稲の刈り株に躓《つまず》いて倒れて討たれたことを恨み、彼の亡霊が虫となって稲にとりついて枯らすのでその虫をサネモリムシと呼ぶようになった。「虫送り」を「実盛送り」と呼ぶ理由がそこにあるとする説がある。昆虫の供養碑ではないが、害虫に関係する塚として取り上げた。

中央に立派な松の木がある実盛塚

県道20号線からの実盛塚の入口

所在地：石川県加賀市篠原町ノ2番
交通：JR西日本「加賀温泉」駅から温泉片山津線バスで「石川病院」下車、またはCANBUS海まわり線バスで「中谷宇吉郎雪の科学館」で下車すぐ。もしくは「加賀温泉」駅からタクシーで約15分

国蝶オオムラサキの碑

・山梨県北杜市

オオムラサキは75円の普通切手や昆虫シリーズの切手デザインにも選ばれた日本の国蝶である。山梨県北杜市長坂町はそのオオムラサキの全国一の生息地として知られている。日野春駅のホームの看板には「オオムラサキの里」「オオムラサキセンター」の名が記されている。改札口を出るとすぐ前を通るのが県道17号線（七里岩ライン）で、その右手向かいの小公園に大きなオオムラサキの碑が建っている。

花崗岩製で、上部には「国蝶　オオムラサキ」の題名と写実的なオオムラサキの姿と食草のエノキと思われる植物の葉が描かれ、下部には次のような言葉が彫られている。「昭和32年（1957）日本昆虫学会において日本の国蝶になったオオムラサキ。羽を広げると10㎝以上になる大型のタテハチョウ。オスは美しい紫色の羽を持つ。メスはオスよりもひとまわり大きく、模様は同様ながら全体が茶色である。6月下旬から7月中旬にかけて、この付近では大空を舞うオオムラサキに出会うことができる。」

高さ176㎝、横幅100㎝、奥行き28㎝ほどあり、高さが45㎝と50㎝ほどの2段の台座の上に載っており見上げる高さとなる。

近くにもある旧長坂町（現、北杜市）のマンホールの蓋のデザインは、オオムラサキ、三分一《さんぶいち》湧水、八ヶ岳の姿である。

公園の向こうには釜無川越しに日本アルプスの名峰甲斐駒ヶ岳（2967m）がそびえ、それに続く峰々の姿が見える。北杜市オオムラサキセンターはここから歩いて15分ほどの場所にある。

「国蝶オオムラサキ」の碑と甲斐駒ヶ岳（右側）

オオムラサキの雌（左）と雄（右）
（北杜市オオムラサキセンターで撮影）

所在地：山梨県北杜市長坂町富岡50（日野春駅）
交通：ＪＲ東日本中央本線「日野春」駅から歩いてすぐ

蜂塚碑

・山梨県道志村

道志村は山梨県の南東部に位置する自然豊かな村である。中央を貫く国道４１３号線（道志みち）を山中湖方面に進むと村役場の先の右側に落ち着いた造りの日野出屋旅館があり、その向かいにある橋で道志川の中洲に渡ると「蜂塚碑」が立っている。

この碑は１９５７年に日野出屋旅館主人の佐藤慶雅《よしまさ》氏が建立したもので、道志川の河原で探した青石が使われ、高さ１６０㎝、横幅１０５㎝、奥行き25㎝ほどの大きさがある。正面には「蜂塚」の二文字と揮毫した松永文部大臣の名前が彫られている。その下の研磨された部分には女流歌人の柳原白蓮が寄せた短歌「いと小さき蜂といふにぞなみだおつ栄光の死はここにもありし」が刻まれ、短歌が添えられた供養碑になっている。

裏側には「昭和三十二年十一月十七日建碑　佐藤慶雅」の文字と石工の名前が彫られている。台石も加えると、全体は翅を広げたハチの姿にも見える。

この蜂塚碑には次のようないわれがある。１９５６年1月佐藤氏が宿泊客を送って帰りの山道でナラの大木の根元にあると知らされていたミツバチの巣をステッキで突き刺したところ、大量の蜂蜜がついてきた。蜂蜜採集のために翌朝訪れると、女王蜂を中心にして腹部を蜂蜜で膨らせたまま死んでいる大量のハチたちの姿があった。自分の心ない行為でハチたちを死なせてしまったことを深く悔やんだ彼は供養碑をつくってハチたちの霊を慰めようと決意した。

その熱意が各方面を動かして、やがて村人の共感を得るところとなり、地元代議士を中心とする建立後援会や政財界人など多数の協力者も出てくるようになった。新聞やラジオでも全国に報道され、各地の山岳会などからの寄付や全国から応援の手紙も多数寄せられた。そのようにして建立の運びとなった供養碑の除幕式は１９５７年11月に５００名もの人々が集まって行われた。そこには柳原白蓮や、お小遣いを寄せ合って寄付金を贈り手紙で交流ができた神奈川県横須賀市立山崎小学校の先生や生徒たちも参列している。

釣り好きで道志村をたびたび訪れていた作家井伏鱒二は随筆「蜜蜂碑」で碑の建立が発起されるまでを書いている。

碑から５ｍほど離れた場所に死んでいたハチを埋めた石積み2段構えのハチの墓がある。著名人が揮毫した虫塚は各地にあるが、時の文部大臣の揮毫に加え有名な歌人が寄せた短歌が彫られ、さらに有名作家によって作品の中で紹介されているものは非常に珍しい

蜂塚碑の前の佐藤光男氏（中央）、地元で活動する香西恵さん（左）と筆者

蜂塚碑近くに並ぶミツバチの墓

木の洞につくられたニホンミツバチの巣の入口

と思われる。

今では日野出屋旅館を継いだ佐藤光男氏が一帯を守っている。旅館の中には蜂塚碑に彫られた柳原白蓮の短歌が拓本となって飾られている。

所在地：山梨県南都留郡道志村7176　日野出屋旅館近く
交通：JR東日本横浜線「橋本」駅、または中央本線「相模湖」駅から車で約60分
中央自動車道「都留IC」から車で約30分

蚕影大神

・山梨県市川三郷町

市川《いちかわ》三郷《みさと》町はかつて養蚕が栄えたところで、桑の代表品種である「一ノ瀬」の生まれた土地である。この地の一瀬益吉氏が明治時代に見つけた品種で、彼の姓を冠している。養蚕が盛んだった頃にこの地に建てられた蚕神の石碑があり、今でもところどころに桑の木が残っている。

市川大門駅から県道４０９号線を進み、帯那《おびな》トンネルを抜けた平坦な場所が東帯那である。地名は帯状に水田が開けたことに由来している。道路右手の農村広場グラウンド向かいの駐車場隣に「帯那の蚕神」の碑が祠と並んで立っている。本体は高さ83㎝、横幅60㎝、奥行き20㎝で台石を含めると１０９㎝ほどの高さである。正面には「蠶影大神」、左側面に「大正拾壱年四月一日建立」と彫られているように見えるが側面の文字は定かではない。村人によると、グラウンド整備に伴い現在の場所に移設されたらしい。

その村人の熱心な説明によれば、少し高い場所にある素敵な名前の花開《はなびらき》神社では大小の神輿を土地の人たちが担いで近くを練り歩く例祭が7月に行われ、カメラマンが多く訪れる見ごたえのあるものだという。

東帯那の集落から県道４０９号線を四尾連《しびれ》湖方面に登っていくと、４１４号線と分岐する大きなカーブがあり、その右側に「近萩《ちかはぎ》の蚕神」が立つ。本体は高さ１５８cm、横幅75cm、奥行き14cmほどの大きさで礎石に載っている。正面に「蠶影大神」と大書され、その左横に「山梨県蠶糸課長正六位勲六等高橋伊勢次郎謹著」、裏側には「昭和二年四月十五日近萩區中」と小さく刻まれている。すぐ下に位置する土蔵のような建物は天満宮で、外観はやや荒れているが、中には清められた神棚が見える。蚕神の石碑にも注連縄が張られているので近くの人が丁寧にお祀りしているのだろう。のちに養蚕組合の形となったが、かつては山保地区の全地区で養蚕の講が持たれていたそうだ。町内にはこの２か所のほ

帯那にある蚕影大神の碑（右）

県道沿いにある近萩の蚕影大神の碑

豊富シルクの里公園（通称おっぱい公園）

旧豊富村（中央市）のマンホール

か、芦久保にも蚕神があるそうだが未見である。

大正の末期から有数の繭の産地であったこの地では、太平洋戦争による食料増産のため桑畑が麦やサツマイモなどの畑に一時姿を変えた。しかし戦後には再び養蚕が行われていたようだ。帯那と近萩の間の県道沿いにある株式会社桑郷《くわのさと》では、桑の葉を原料とする「桑の葉茶」などを製造販売している。「一ノ瀬」の改良品種である「はやてさかり」を新たに栽植するなどして原料を確保しているという。理科の授業に養蚕を取り入れている県外の小学校から桑の葉が足りなくなったとの要請にこたえることもあるそうだ。この地では産業としての養蚕は姿を消しても、別の形で桑が今も生きている。

笛吹川沿いに進んだ隣町の山梨県中央市の旧豊富《とよとみ》村も養蚕が盛んだったところで豊富シルクの里公園があり、マンホールの蓋は桑の葉と蚕の繭のデザインだ。通りには繭の形をした街灯が並んでいるので、時間と交通手段があれば合わせて訪ねるのもおもしろい。

所在地：帯那＝山梨県西八代郡市川三郷町山保字中ノ坪５２４５－１　近萩＝山梨県西八代郡市川三郷町山保字大明地８４１５－１
交通：ＪＲ東海身延線「市川大門」駅、または「市川本町」駅から帯那まで車で約10分、そこから近萩まで車で約10分

保食神・西陵氏霊碑

・長野市

長野市松代町東条《ひがしじょう》は江戸時代末期から養蚕が盛んだった土地で、蚕神の石碑がある。松代高校バス停の先を左折し、関屋川と藤沢川を渡った住宅地の道路際2か所に庚申塔など他の石碑と並んでいる。一つ目は「保食神《うけもちのかみ》」の石碑で、側面に「文政七甲申年」と刻まれているようだが読みづらい。文政7年は1824年。この地の郷土史に詳しい人によると、保食神は五穀を司る神だが、ここでは養蚕の神に転じている。その先にあるのが「西陵氏霊《せいりょう》」碑である。西陵氏は中国上古の皇帝黄帝の正妃で人民に初めて養蚕を伝えたとされ、のちに養蚕神となった。こちらは安政4年（1857）の建立である。

所在地：長野市松代町東条竹原
交通：JR東日本長野新幹線「長野」駅からアルピコ交通バス松代高校行きの終点で下車、そこから徒歩約25分

道祖神などと並ぶ「保食神」碑（右から二つ目）

庚申塚、道祖神と並ぶ「西陵氏霊」碑

蚕玉大神

・長野県松本市

蚕玉大神《こだまおおがみ》は「こだまさま」とも呼ばれる蚕の神で国宝松本城の北西に位置する城山《じょうやま》公園登り口の猿田彦神社境内にあるが、別の場所から移設されたようだ。

台座を含めて高さ約３・２ｍあり、繭の形の枠内に桑の枝を持ち波の上に立つ女神像が彫られている。この女神は茨城県筑波の蚕影《こかげ》神社（２４６頁）でも祀られている金色《こんじき》姫といわれる。古来「養蚕は女の仕事」とされ、わが子を育てるように蚕飼《こが》いに励み、一家を支えた女性を力強く見守っているようだ。

神社周辺の住宅地には、かつて桑畑が広がっていた。明治中頃まで当地の養蚕は年１回の春蚕《はるご》のみであったが、海抜６００ｍの松本は春に霜害が生じやすい反面、他所に比べて夏は冷しいことから夏〜秋に養蚕の時期を拡大させた先駆地である。

この地から全国各地に広まった養蚕の新技術には、風穴《ふうけつ》を利用して蚕の卵の孵化を抑制する方法と、孵化時期の調節を可能とする温度管理方法（究理法）とがある。風穴とは山地または火山地の斜面にあり、入口の空隙から10℃以下の自然の冷風が吹き出す洞窟をいう。蚕種保存のための風穴は明治末年には全国で２８０か所以上を数えたようで、松本市内では道の駅「風穴の里」近くの稲核《いねこき》風穴が有名である。

松本は１９１４年には蚕の優良品種「一代交雑種」の全国普及の拠点となったことでも特筆される。市内の県《あがた》町にある「蚕糸記念公園」には、一代交雑種発祥を記念した高さ５ｍを超える「蚕業革新発祥記念碑」がある。日本の蚕と海外の蚕を交雑し親より優秀な子世代を得る雑種強勢の実用化技術が１９０６年外山亀太郎博士から提唱された。

所在地：長野県松本市宮渕2丁目5−1　猿田彦神社の境内

交通：ＪＲ東日本篠ノ井線・大糸線「松本」駅から徒歩約15分の松本城を経由し、さらに徒歩約10分。またはＪＲ東日本大糸線「北松本」駅から徒歩約９分

精緻な彫りが施された蚕玉大神、手に桑、蚕、繭を持つ（撮影：千野義彦氏）

蚕糸記念公園にある「蚕業革新発祥記念碑」（撮影：千野義彦氏）

蚕霊供養塔

・長野県上田市

上田はかつて養蚕業が盛んで蚕都と呼ばれ、明治時代は日本の主力産業であった繭の重要な供給地であった。上田紬《つむぎ》は大島紬や結城紬と並ぶ日本の三大紬として今も知られる。上田駅をお城口方面に出てから騎馬武者姿の真田幸村像を過ぎ中央1の信号を右折して進むとやがて信州大学上田キャンパス近くに着く。

守衛所で許可を得てから蚕霊供養塔を文化財の建物とともに見学した。大学の正門から直進し、駐車場の手前を右に曲がると付属農場実験研究棟があり、近くに蚕霊供養塔が建っている。高さ5mほどもありそうな立派な石碑である。

表側には「蠶霊供養塔」、裏側には「大正十二年六月二十日建立　上田蠶絲専門学校蠶霊供養會」の文字が石工の名前とともに彫られている。初代校長の針塚長太郎氏の真筆だそうで構内にその銅像が立っている。上田蚕糸専門学校は現在の信州大学繊維学部の母体で、信州大学繊維学部資料館の看板によると日本が工業立国として台頭しようとした1910年に蚕糸に関する初の高等教育機関、長野県下初の国立学校として設立され、194

9年の学制改革によって信州大学繊維学部として発足した。

その赤煉瓦造りの風格ある繊維学部資料館は、蚕糸専門学校時代に貯繭庫《ちょけんこ》としてつくられた建物である。繊維学部講堂、正門の横にある1912年につくられた守衛所とともに2013年に国の登録有形文化財に指定されている。

大学内の福祉施設につけられたマルベリーホールのマルベリー（Mulberry）は桑の英語名である。

蚕霊供養塔と筆者

国の登録有形文化財である繊維学部資料館（旧貯繭庫）

所在地：長野県上田市常田3－15－1　信州大学繊維学部（上田キャンパス）構内
交通：JR東日本北陸新幹線「上田」駅お城口から大学の正門まで徒歩約15分、そこから構内を徒歩約5分

蚕養国神社の注連石

・長野県上田市

上田駅を「お城口」側に出て緩やかに登る広い通りを進むとやがて左側に大星神社が見えてくる。道路横の明神鳥居、すぐ右に折れて次の明神鳥居、さらにそれを進んだ朱色の両部鳥居をくぐると拝殿がある。その左側の少し低い場所にあるのが摂社の蚕養国神社《こがいのくに》だ。その参道入口の左右に2本の注連石《しめいし》が建っている。

右の柱には「満蔟繭如甕」と彫られ蚕の繭がたくさん集まることを、左の柱には「梨民気自春」とあり、それによって人々の心が春のようになることを示しているようだ。一本の裏面に「正三位勲一等　針塚長太郎書」、もう一本に「昭和十六年九月十九日」の文字が彫られている。針塚長太郎は上田蚕糸専門学校の初代校長を務めた人である。

上田上小《じょうしょう》地方は養蚕や絹織物などの繊維産業に関わっている人が多く、上田蚕糸専門学校（現、信州大学繊維学部）もあって、文化、教育、産業各方面にわたり蚕との関係が深い。蚕都上田に誇りを持ち、産業の発展と人々の幸せを願うために上小蚕糸業同盟会が1941年にこの蚕養国神社を建立した。社の賽銭箱には「絹幸箱」と記されている。

宮司にうかがうと毎年4月28日に関係者が参列して蚕糸祭が催行される。

境内の２００７年に建てられた高さ１２０㎝、横幅１８０㎝ほどの「万葉歌碑」に、「たらちねの母がその業《な》る桑すらに願へば衣《きぬ》に着すとふものを」と彫られ、脇に「母の園に植えてある桑でさえも、願えば美しい絹の着物になり着られるという。かなわぬ恋も誠を尽くせば必ず実る。『為せば成る　為さねば成らぬ何事も』のこころで積極的に生きたい」という解釈が書かれている。

所在地：長野県上田市中央北３丁目２４７８−２

交通：ＪＲ東日本北陸新幹線「上田」駅お城口から徒歩約25分

蚕養国神社と２本の石柱（注連石）

桑が詠まれた「万葉歌碑」

蚕養国神社の「絹幸箱」

蜂供養塔

・長野県東御市

長野県東御《とうみ》市に「蜂天国」という施設がある。長野県で建設資材の製造販売や燃料事業などを展開する株式会社塩沢産業の一部門で、1994年に開設された「世界一の蜂芸術館」である。東京からだと新幹線を軽井沢か長野でしなの鉄道線に乗り換え滋野《しげの》駅で降りる。駅前の十字路を左折して進み途中で坂を左に下ると看板やステンレス製の大きなハチのオブジェが見えてくる。「蜂天国」である。

建物の左側には立派な「蜂供養塔」が立っている。横の看板「スズメ蜂を讃える」によると、供養塔は「ハチ年」にちなみ平成8年8月8日に信州蜂愛好会が建てた。スズメバチが家の軒先などに城と呼ぶにふさわしい巣をつくること、アオムシなどを狩って害虫退治に貢献すること、大変な働き者であること、人間のタンパク源となること、人に巣を採る楽しみを与えてくれることなどが記されているので、地蜂といわれるクロスズメバチのみならずスズメバチ類全体を供養するためのものであることがわかる。

「蜂供養塔」は蓼科山《たてしなやま》から採取した安山岩製で、本体は高さ235㎝、台石を含めると3

ｍ、横幅１３５㎝、奥行き80㎝ほどもある実に立派なものである。

毎年８月８日には神主を招き、信州蜂愛好会、株式会社塩沢産業の役員たちの列席のもと「蜂供養会」が執り行われている。

「蜂天国」の建物に入ると２階建ての展示スペースを使って、蜂天国のオーナーである塩沢産業の塩澤義國会長が熱意を燃やし、キイロスズメバチの習性を利用してつくり上げた巣の合体作品がところ狭しと並んでいる。富士山や新幹線、スペースシャトルなどの形につくり上げた巨大なものまであるのには驚く。

「蜂天国」の立派な「蜂供養塔」

スズメバチの巣を使った作品がずらりと並ぶ「蜂天国」の展示室（1階）

スズメバチのオブジェが出迎える「蜂天国」の入口

所在地：長野県東御市加沢４３５－１
交通：しなの鉄道線「滋野」駅から徒歩約20分

蚕養神

・長野県駒ケ根市

駒ケ根市の宝積山《ほうしゃくざん》光前寺は霊犬早太郎《はやたろう》伝説で知られる天台宗の名刹である。春には枝垂れ桜、秋には紅葉でにぎわうこの寺に蚕の石碑がある。駒ケ根インターから県道75号線の上り坂をやがて左に入り中央アルプス宝剣岳の姿を右手に見ながら進むと、光前寺に着く。山門（仁王門）前の石碑の一つが「蚕養神」で、イチイの根元に小さな祠とともに並ぶ。台石に載っていて、高さ58㎝、横幅45㎝、奥行き22㎝ほどの大きさである。表に「蠶養神」、裏に「明治廿六年至春」と刻まれ、蚕の繭を思わせる形をしている。伊那谷は養蚕が盛んだった土地で、市内に駒ケ根シルクミュージアムがある。

所在地：長野県駒ケ根市赤穂29番地
交通：「中央道駒ケ根インター」バス停から西方に約1・2㎞（徒歩約20分）

祠と並ぶ繭を思わせる形の「蚕養神」の碑

光前寺への道から望む中央アルプス宝剣岳

北沢大石棒

・長野県佐久穂町

長野県佐久穂町に「北沢大石棒《だいせきぼう》」がある。羽黒下駅から宿岩で千曲川にかかる八十巌橋《やどいわばし》を渡って国道141号線を越えて進むと、「日本一北沢大石棒入口」と書かれた観光協会の標識があり、左に折れて右に進んだ先の段々になった水田の畦に石棒が見えてくる。「北沢川の大石棒」と呼ばれることもあるもので、近くまで行くと人の背丈を超えることがわかる。

石棒の横の看板には次のように記されている。「北沢川の大石棒　今から四千数百年前（縄文時代中期）眼前に広がる南台地に生活していた人々が、動植物の豊穣と人間の蘇りを願っての信仰のシンボルとして、豊かに湧きあがる泉のほとりに建立したものと思われる。なおこの石棒は、日本最大のものとして知られている。（石棒）2・23m、溶結凝灰岩（佐久石）（石柱）柱状節理流文岩　昭和六十二年八月　佐久穂町教育委員会」

石棒は佐久穂町を流れる北沢川の改修工事のときに出土したもので、佐久穂町の有形文化財に「石棒」として指定されている。計測するとそれほどの高さはなく、地際から18

５㎝ほどであった。地下部分が数十㎝あるのだろう。太さは25㎝ほどである。
この石棒が虫塚であることが明らかなわけではない。かつて虫塚の研究をされた岡本大二郎博士は著書「虫獣除けの原風景」の中で、斎部広成《いんべのひろなり》の『古語拾遺』（８０７年）に、稲の害虫の被害を抑えるのに男茎型のものを田の溝に建てたことが記されていることに関連して北沢大石棒に触れている。

所在地：長野県南佐久郡佐久穂町高野町上北沢１４３３
交通：ＪＲ東日本小海線「羽黒下」駅から徒歩約20分

日本一大きい「北沢大石棒」

「北沢大石棒」のある一帯の遠景

「北沢大石棒」への入口の看板

源氏ぼたるの碑

・岐阜県本巣市

全国各地に蛍の名所があるが岐阜県本巣市もその一つである。樽見鉄道の本巣駅から踏切を渡って進むと「ほたる公園北」の信号がある。左折して糸貫川（席田《むしろだ》用水）沿いの道の先にかかるのが源氏橋。横にはほたる公園の看板、橋の欄干にはホタルのキャラクターがある。

辺りは桜並木で、源氏橋を渡った左手の河原が「ほたる公園」である。「本巣市ほたる公園」の半円形の看板には、本巣町（当時）が自然保護や環境事業発展のために昭和47年（１９７２）に席田用水付近のゲンジボタル保護条例を制定したことや保護のための活動を展開していることが記されている。近くに東屋と石碑が並んでいる。

右が２００２年6月7日「ほたるサミットインもとす開催記念」の石碑で、側面にはサミットに参加した全国13市町村の首長の名前が列記されている。上に横幅70㎝ほどの蛍石が載っている。大きな石を挟んで左側にあるのが「源氏ぼたる」の碑である。「ふるさと生きものの里」「環境庁平成元年四月認定」の文字も刻まれている。

側面の表示によると本巣町教育委員会が平成5年9月に建立したもので、高さ118cm、横幅24cm、奥行き15cmほどの四角柱である。背面には「ぎふ水と緑の環境百選　昭和六十一年五月選定」「岐阜県の名水席田用水　昭和六十一年十二月認定」の文字がある。川をもう少し下ると「平家橋」がある。

5月中下旬から6月上中旬頃、席田用水でゲンジボタルが発生する。6月中旬頃には「本巣市花とほたる祭り」が催され、用水沿いのホタルの鑑賞のほかに、いろいろなイベントも開かれるそうだ。

ほたる公園にある石碑と東屋

ゲンジボタルが毎年発生する糸貫川（席田用水）

本巣市のマンホール

所在地：岐阜県本巣市曽井中島1117-8

交通：樽見鉄道「本巣」駅から徒歩約10分

イネミズゾウムシ防除技術確立之碑　・愛知県長久手市

イネミズゾウムシは日本では愛知県で初めて発生が確認された海外からの侵入害虫で、短期間のうちに全国に分布を広げた。移植直後の水稲の根を加害して生育に大きな影響を及ぼすため大問題となった。全国の試験研究機関でこの虫の研究、防除技術の研究が精力的に行われた。愛知県総合農業試験場にあるのはその防除技術が確立したことを記念する石碑である。

リニモの「芸大通」駅から林の中の道を10分ほど進むとクロガネモチの植わったロータリーに出る。そこを右に下ると右側の作物研究部の建物横の木立に黒い石碑が見える。本体は横幅195㎝、高さ105㎝、奥行き25㎝ほどで、表には2行にわたって「イネミズゾウムシ　防除技術確立之碑」と彫られ、裏面には成虫の図と建立の目的が次のように記されている。

「アメリカ合衆国原産のイネミズゾウムシは　昭和五十一年（1976）五月にアジアで初めて　愛知県常滑市で発見され　その後約十年間で日本全域を席巻し我が国水稲の重要

害虫となった　この害虫はまったく未知のものであったため　愛知県農業総合試験場を中心に多くの人々の協力を得てその生態を解明し独自の防除法を確立した　これらの成果は本県はもとより全国に普及し　我が国の病害虫防除史上に残る業績と高く評価されている　よって　ここにイネミズゾウムシの研究成果と防除技術確立の成果を後世に永く伝えるため記念の碑を建立する　平成五年三月　イネミズゾウムシ記念碑建立有志一同」

これは突然の海外からの侵入害虫へ防除技術を確立し、病害虫防除の重要性について訴えた記念碑である。

イネミズゾウムシ防除技術確立之碑

裏面には建立の趣旨とイネミズゾウムシ成虫の姿が彫られている

所在地：愛知県長久手市岩作三ケ峯1－1　愛知県総合農業試験場構内

交通：名古屋市営地下鉄東山線「藤が丘」駅から愛知高速交通リニモ「八草」行きに乗り換え「芸大通」駅で下車、徒歩約15分

反古塚（たまむし塚）

・三重県津市

谷川神社は、津市が生んだ偉大な国学者、谷川士清《ことすが》（１７０９～１７７６）の功績を後世に伝えるために創建された神社である。津新町駅の右手の道を左折して旧伊賀街道をたどり、しばらくして右折すると福蔵寺と谷川神社が見えてくる。

明治末頃から地元の有力者が中心になって神社の創建を国に請願し、１９２５年に国から創立が許可されたのち１９３２年に谷川神社の創立が完了した。

拝殿の左側の石組の上にあるのが市の指定史跡「反古塚《ほごづか》」である。花崗片麻岩と思われる自然石で、本体は高さ75㎝、横幅60㎝、奥行き30㎝ほどの大きさがある。背面には万葉仮名で「なにゆえに　くだきしみぞと　ひとことはば　それとこたえむ　やまとたましひ」と書かれているそうだが読みづらい。谷川には、日本書紀全巻の注釈書「日本書紀通証」やわが国初の本格的な五十音順の国語辞典である「和訓栞」を代表とする数々の重要な著作がある。谷川は不要になったメモや下書きで自分の学説が後人に誤って伝えられないようにとそれらを埋めて「反古塚」とした。彼が世を去る前年の１７７５年のことである。

この塚を建てたとき、津の辺りでは珍しいタマムシが3日続けて姿を現したことを谷川は瑞兆として大層喜び、親交のあった本居宣長たちに伝えた。このようなことから「反古塚」は「たまむし塚」とも呼ばれるようになった。谷川神社に隣り合う福蔵寺に谷川の墓所があるが、現在は立ち入ることができない。

旧伊賀街道をさらに少し進んだところに国の指定史跡「谷川士清旧宅」がある。老朽化した建物が可能な限り復元され、往時の谷川の生活ぶりを知ることができる。旧宅内には彼の著作物などの資料が多数展示されている。

拝殿奥にある堂々とした「反古塚」（別名たまむし塚）

反古塚の横に立つ津市教育委員会の説明板

エノキの葉から飛び立つタマムシ
（撮影：宮﨑昌久氏）

所在地：三重県津市押加部《おしかべ》町7番31号（谷川神社）
三重県津市八町3丁目9－18（谷川士清旧宅）
交通：近畿日本鉄道名古屋線「津新町」駅から徒歩約15分（谷川神社と谷川士清旧宅間は徒歩約3分）

百足供養堂・虫塚

・滋賀県大津市

瀬田唐橋は近江八景の一つ「勢田（瀬田）夕照」や、俵藤太（藤原秀郷）のムカデ退治の物語で知られる。瀬田唐橋の守り寺である雲住寺は、応永15年（１４０８）の開山で、初めの天台宗からのちに浄土宗へと変わった古刹である。瀬田唐橋を渡るにつれ雲住寺の屋根と木立が見えてくる。寺には藤原秀郷に関する資料が数多く残る。

山門をくぐった先の本堂手前の左側に百足《むかで》供養堂と虫塚が並んでいる。百足供養堂は檜づくりの小振りな八角形の堂で、１９９４年に完成した。建立には、瀬田唐橋がかつて地政学上重要な位置を占めていたことや、ムカデ退治が単なる昔話でないことを地元はもとより広く各地に知らしめたいとの思いがあると住職の井野泰雄氏は語る。

百足供養堂の中には、京都の仏師松久宗琳仏所作の彩色ムカデの木像が収められている。特別に拝観すると、大ムカデが三上山を七回り半していたことを思わせる形をしている。ムカデの命日である10月21日に近い10月23日に毎年「俵藤太とムカデ供養会」が大々的に行われてきたが、現在は少し姿を変えている。

一方、虫塚は1998年8月の建立で、石碑の下部に「小さな命ここに眠る」と刻まれている。地域の子供の母親たちの浄財に雲住寺が協力して完成した。夏休みに子供たちが見つけたセミや昆虫採集のカブトムシの死骸などが塚の前に埋められる。ムカデとは異なる9月第一土曜日に供養祭が行われている。

井野住職は、毎朝の読経の終わりにムカデを回向する。嫌われ者ととらえられがちなムカデの回向はすべての生きものの供養につながると考えるからである。

百足供養堂と虫塚

百足供養堂に収められているムカデの木像

所在地：滋賀県大津市瀬田2−1−8　雲住寺境内

交通：京阪電鉄石山坂本線「唐橋前」駅から徒歩約8分、またはJR西日本東海道本線（琵琶湖線）「石山」駅から徒歩約15分

虫救護碑

・滋賀県日野町

滋賀県の日野町は近江日野商人の町として、美しい大根「日野菜」の原産地として、あるいは蒲生氏郷の生誕の地として知られる町である。松林寺のバス停から緩やかな坂を100mほど進むと竹林に囲まれるようにして天台宗の松林寺がある。この辺りにはかつて小井口城があったらしい。庫裡を兼ね、こぢんまりとした本堂の向かいに虫塚が建っている。

本堂の軒に掲げられた日野観光協会・日野公民館の看板によると日野町は明治時代に養蚕業が盛んだった土地で、この虫塚は蚕を供養するためのものである。

きれいに手入れされた石碑の高さは165cm、基部の横幅は75cm、奥行きが45cmあり、大きな石を組み合わせた礎石は高さ80cm、横幅2mほどである。碑の正面には不動明王の梵字の下に「蟲救護」の3文字が彫られている。

裏側に「汝是蠶蟲帰依三寶發菩提心　天台座主大僧正寂順撰　谷朝永書」の文字と、右側に「明治三十年建設　十八世覚道」とともに発起人1名と賛成人3名の名がある。

住職の牧川栄俊氏にうかがうと、この寺は檀家を持たない祈禱寺で、かつて蚕の供養のために護摩木を焚いて護摩供養が行われていたそうだが、先代の前の時期に途絶えた。

松林寺からそれほど遠くない範囲に近江日野商人館、芭蕉の句碑がある遠久寺をはじめとする寺社、日野小学校の日野商人像、音楽ホール「わたむきホール虹」の前の「あの子はたあれ」の歌碑などがある。帰りのバスまでの時間を利用して見るとよい。

日野町のマンホールの蓋は日野商人のデザインである。

所在地：滋賀県蒲生郡日野町小井口867

交通：JR西日本東海道本線「近江八幡」駅から近江鉄道バス湖国バス日八線北畑口行きで「大窪」下車徒歩約10分、または近江鉄道「日野」駅から鎌掛《かいがけ》線鎌掛行きで「松林寺」下車すぐ

蚕を供養した「虫救護」碑

近江日野商人をデザインしたマンホール

蚕養機織管弦楽舞之祖神
・京都市

京都太秦《うずまさ》の広隆寺に近い大酒神社は秦始皇帝《しんのしこうてい》、弓月王《ゆんずのきみ》、秦酒公《はたのさけきみ》を祭神とする。神社は広隆寺楼門右側の府道131号線を少し進んだ左手にある。

扁額に「大酒神社」と記された石の鳥居の右側に、人の背丈を大きく超える「蠶養機織管弦樂舞之祖神」と刻まれた石標が立つ。これを正面とすれば、左側面には「太秦明神呉織神　漢織神」、右側面には「天保十三（1842）壬寅年五月」と刻まれている。石標の右手に「由緒書」と記された説明看板が建っていて、相殿《あいどの》として兄媛命《えひめ》、弟媛命《おとひめ》（呉服女《くれはとり》　漢織女《あやはとり》）の二柱の名が記されている。相殿とは同じ社殿に二柱以上の神を合祀することである。

この由緒書によると、祭神の三柱については仲哀天皇8年（356）に秦始皇帝の14世孫である功満王《こうまんおう》が漢土の兵乱を避けて来朝、応神天皇14年（372）に功満王の子・弓月王が百済から127県《あがた》の民衆1万8670余人を率いて帰化。その孫酒公が秦氏諸族を率いて蚕を養い、絹綾錦の類をおびただしく織り出して朝廷に献上。機織のみでなく、大陸および半島の先進文明をわが国に輸入するに努め、農耕、造酒、土木、管弦、工匠など産業発達に大いに功績ありと記されている。神社の石標に刻まれた文字はこれらを反映したものと推察できる。

鳥居をくぐると「皇紀二千六百年奉祝記念」と刻まれ丸い穴の開いた石碑が目につく。その先の左手奥に社殿がある。酒公の6代目の孫秦河勝は広隆寺の建立者である。のちに政争を避け、赤穂の坂越《さこし》の地に流れ着いた。そこに彼を祀る大避《おおさけ》神社が鎮座し、沖合の生《いき》島《しま》には墓所があるが、そのことは前著『虫塚紀行』（231頁）に記した。

鳥居右手に立つ「蚕養機織管弦楽舞之祖神」碑

大酒神社の社殿

所在地：京都市右京区太秦蜂岡町

交通：JR西日本山陰本線（嵯峨野線）「太秦」駅から徒歩約12分、または京福電気鉄道嵐山本線「太秦広隆寺」駅から徒歩約3分

蛍塚

・京都府宇治市

「蛍塚」とは素敵な名前である。それは京都の宇治川沿いにある。外観を平等院鳳凰堂に模したＪＲ宇治駅を背に平等院の横を通って府道３号線を上流へと進む。ホテル静山荘を過ぎてしばらくすると３号線は川沿いの道と分かれるが、その二つに挟まれた小広場に「蛍塚」がある。横幅90㎝、高さ１００㎝ほどの自然石で石に囲まれて地面よりも少し高く設えられている。碑面には「螢ヶ渕　螢塚」、裏側には「蛍合戦由来記」の題でこの碑の由来が次のように刻まれている。

「宇治川の蛍は、古くから世に知られた、夏の風物詩であった。高く低く川面に映える無数の蛍火は、蛍ヶ渕と名づけられたこのあたりを中心にして、幻想的な光の渦を描きだしていた。とりわけ毎年旧暦五月二十六日の夜は、平家打倒の夢も空しく、治承四年（１１８０）のこの日に、平等院の境内で無念の最期を遂げた、源三位入道頼政と同志の武者たちの亡魂が、蛍と化して挑み合うと伝えられ、宇治の蛍合戦とさえ呼ばれて、多くの遊客を集めていた。源氏蛍の名を得たゆえんもまたこゝにあるという。往時を偲び、記念碑を建立する。平成十一年十一月十一日建立」

すぐ横にある横幅50cm、高さ120cmほどの石柱は源頼政の歌碑で、「いさやその螢の数は知らねとも玉江の芦のみえぬ葉そなき　源頼政」と刻まれ、裏にある日付は「螢塚」と同一である。平等院の境内には源頼政の墓がある。

宇治橋の袂の「夢の浮橋ひろば」には紫式部像がある。その先の宇治川沿い「あじろぎの道」から、喜撰橋で中洲にある塔の島に渡れば国指定の重要文化財十三重石塔が立っている。これらも併せて見ておきたい。

所在地：京都府宇治市宇治山王　白川浜公園内
交通：ＪＲ西日本奈良線「宇治」駅から徒歩約25分

宇治川沿いにある螢塚と源頼政の歌碑
（撮影：渡瀬学氏）

宇治川にかかる宇治橋と紫式部像
（撮影：渡瀬学氏）

聖天さんの松虫塚　・大阪市

松虫駅から松虫の交差点を右折し、たくさんの松虫塚が並ぶ一角を通り、松虫通を下っていくと右手に寺が見えてくる。地元では「天下茶屋の聖天《しょうてん》さん」の名前で親しまれている正圓寺である。

石段を登ると鳥居があって、寺と神社が同居している風情となる。奥の院という一角にいくつもの小さな祠や石碑があり、そのうちの一つに「松蟲塚白龍神社」と記されている。見回しても特に松虫の石碑は見当たらない。この「松蟲塚白龍神社」の存在は、松虫一丁目にある松虫塚（『虫塚紀行』１３３頁）を再び訪れたときに、地元の人が「向こうにも松虫塚がありますよ」と教えてくれたのだが、その人もこの塚の由来は知らなかった。

「松蟲塚白龍神社」の祠

所在地：大阪市阿倍野区松虫通3－2－32
交通：阪堺電気軌道上町線「松虫」駅から徒歩約10分、または阪堺電気軌道阪堺線「北天下茶屋」駅から徒歩約3分、「聖天坂」駅から徒歩約7分

蜂塚

・大阪府摂津市

大阪府摂津市にある真言宗の金剛院は「蜂の寺」と呼ばれる。千里丘駅西口から線路沿いに大阪方面に進み、右斜めに切れ込むと右側にこの寺がある。天平10年（738）に源を発する歴史ある寺院で、薬師如来が本尊である。入口の石柱には「蜂熊山《はちくまさん》蜂前寺《ぶぜんじ》金剛院」と彫られている。

本堂の裏手には五輪塔形の蜂塚が建つ。右側の石柱には「蜂塚　味舌町《ましたちょう》」、左の石柱には「昭和三十年一月建立」とある。味舌は昔の町名である。ハチに関する塚にはミツバチを供養するものが多いが、この塚はハチが賊を退治したという故事に基づいている。蜂塚の横に掲げられている摂津市文化財保護審議会・摂津市教育委員会が1990年に建立した高札の内容を以下引用する。

「平安末期第八十五代崇徳天皇（1119～1164）の御代に賊徒蜂起し、官軍はこの討伐に向かったが逆に押され、これまでという時当山に駆け込み、蜘蛛の巣にかかったハチを見て、『もはや命運つきたり、このうえはせめて蜂の命を助け善根を施さん、薬師如来よご照覧あれ』と蜂を助け『ご本尊様この度の討伐勝利を得ば、さらに堂宇を林営し永く鎮護国家の道場と為さん』と誓い祈念したところ、それに呼応するがごとく山内鳴動し数万の群蜂出現して彼の賊徒を刺し或いは目に入り、無牙にして追い払えりと。然れども歓喜のあまりこの由を速やかに奏上すべく去り、誓った堂舎の造営可ならず供田若干を寄付せられたのみとある。その後も蜂の大群が盗賊から村人を救い、二度までも不思議な蜂の出現に本尊の霊験あらたかなるを知り、永くお加護を戴く為放光山味舌寺は霊峰山（現蜂熊山）蜂前寺金剛院と改称した。」

金剛院の入口

本堂の裏手にある「蜂塚」

所在地：大阪府摂津市千里丘3丁目10－5
交通：JR西日本東海道本線「千里丘」駅西口から徒歩約10分

虫地獄

・兵庫県神戸市

有馬温泉は日本三古泉の一つに数えられる歴史ある温泉で、関西の奥座敷とも呼ばれている。神戸電鉄有馬温泉駅から太閤橋の横を通り、ねね橋を右に曲がって観光案内所の先の左手にある湯本坂から温泉街の坂道を進むとやがて「かんぽの宿有馬」に出る。前を通るのが六甲有馬ロープウェー有馬温泉駅へと続く「こぶし道」である。その「こぶし道」沿いに、6～7mほどずつ離れて「鳥地獄」、「炭酸地獄」、「虫地獄」の石碑が立っている。

近くには小さな神社と仏堂も並んでいる。高さ40～45㎝、横幅90㎝ほどの大きさで、右から文字が書かれた「虫地獄」の石碑は、六甲ハイキングコース魚屋道《ととやみち》への分岐を左に入ってすぐの斜面に位置している。なぜ「地獄」の名前がついているのだろうか。「鳥地獄」の横にある少し読みづらくなった有馬温泉観光協会の看板を読むと理由がわかる。

ここは射場山《いばやま》と愛宕山の間にあたり、射場山断層の割れ目から噴出したたくさんの炭酸ガスによって虫や小鳥などが死んだことから地獄谷と呼ばれ、そこに湧き出ていた炭酸水はかつて毒水として恐れられていた。明治以後になって虫や小鳥が死んだのは炭酸ガスのためであることがわかった。それから炭酸泉の掘削が行われ、湧き出た炭酸水は良質の飲料水として評判になったという。

このことからこの「虫地獄」の「虫」は特定の種類を指すものでないことになる。今ではこの石碑の辺りでのガスの噴出は感じられないが、温泉街ではいくつもの泉源が蒸気を上げているのが見られる。炭酸泉源や名物「炭酸煎餅」の名前にも炭酸が顔を出す。

虫地獄の碑（撮影：渡瀬学氏）

温泉の町並みにある御所泉源（撮影：渡瀬学氏）

所在地：兵庫県神戸市北区有馬町1617−1（かんぽの宿有馬）
交通：神戸電鉄有馬線「有馬温泉」駅から徒歩約20分

虫供養之碑

・奈良県橿原市

橿原《かしはら》市昆虫館は香具山公園の中にあり、一帯の開発に合わせ平成元年（１９８９）10月にオープンした市立の「見て、聞いて、触って、感じる昆虫館」である。標本を展示するだけでなく、昆虫が生息している環境を再現して観察・学習できるよう工夫されている。中には沖縄八重山地方の何種類もの蝶が年間を通じて舞う大きな放蝶温室もある。

この建物の裏手にひっそりと建っているのが「虫供養之碑」である。ブロックで囲まれた小さな区画にあり、高さ１０３cm、横幅20cm、奥行きが12cmほどの御影石製である。前には香炉や敷石も備えられている。

表面には「虫供養之碑」、裏面には「平成五年六月吉日　昆虫館スタッフ一同建立」と彫られている。昆虫館で年間を通して飼育・展示している多数の昆虫を供養するために建てられ、寺の住職でもあった昆虫館の学芸員が供養祭を執り行い、その後も年によって虫の日である6月4日に供養祭が行われてきた。

昆虫館の正面入口外側の壁にはカブトムシとコーカサスオオカブトのオブジェ、入口前にはトンボの日時計、中に入ると受付の上部にカラフルな昆虫のオブジェ、展示室にもいろいろな虫のオブジェがあって楽しい。昆虫館展示室の外観は要塞をイメージし、放蝶温室は蝶が翅を広げた形に設計されている。建物裏の丘に登るとそのことがよくわかる。

大和八木駅と昆虫館とを結ぶバスの本数はそれほど多くない。橿原神宮駅からも同じような距離なので、帰りはタクシーを橿原神宮前駅まで利用すれば、境内に「虫塚」がある久米寺（前著『虫塚紀行』１４９頁）を併せて訪ねることができる。

蝶が翅を広げた形をした放蝶温室

建物を回った場所にある虫供養之碑

所在地：奈良県橿原市南山町624

交通：近畿日本鉄道大阪線「大和八木」駅から橿原市コミュニティバス橿原市昆虫館行きで約30分下車すぐ

蜂魂碑

・香川県高松市

　国道11号線を坂出側から高松市内方面に向かうと国分寺町で、道路の左側に大きな石碑がある。これが「蜂魂碑《ほうこんひ》」である。高さ1ｍ、横幅2ｍほどの台石に高さ2・5ｍ、基部の横幅1・3ｍほどある花崗岩製の本体が載る。隣にあるペットショップが目標になる。

　この碑は香川県養蜂組合が1980年1月8日に建立したもので、正面の頂部にミツバチの姿が象られ、香川県知事前川忠夫氏の揮毫で「訪花小天使　無尽大自然」と彫られている。下部には「蜜蜂に捧ぐ」の題でミツバチが人間の営農の犠牲となりながらも団結して勤勉に働いていることを農業にいそしむ者、養蜂を営む者として深く感謝し、ミツバチたちが静かに自然に返って眠ることを祈るとした献辞が、碑を建立した香川県養蜂組合大西組合長と組合員一同、協賛した香川県、香川県市町村会、国分寺町などの地方自治体、香川県農協各連合会や団体などの名前とともに刻まれている。

　香川県はイチゴなどの施設栽培や晴れの日が多い気候を活かしてタマネギ、ブロッコリーなどの採種事業が非常に盛んなところ。特にタマネギは全国の70％もの種子生産を誇る。

これにはミツバチの働きを欠かすことができない。香川県養蜂組合は「わたしたちの命をはぐくむ食は、ミツバチが花粉を運ぶことから生まれます」「ミツバチを飼う養蜂産業を育てることで日本の食と農業を守ることができます」と養蜂業の大切さを訴えている。

養蜂組合では毎年本格的な養蜂シーズンを迎える前の2月8日頃に碑の前で「蜂魂祭《ほうこんさい》」を行い、養蜂の関係者が一堂に会してミツバチを供養し、感謝の気持ちを捧げている。

国道沿いにある蜂魂碑

2018年2月に催行された蜂魂祭
（写真提供：香川県養蜂組合）

所在地：香川県高松市国分寺町新居《にいい》1572番地付近の国道11号線沿い

交通：JR四国予讃線「端岡《はしおか》」駅から南方向に徒歩約5分

ニカメイチュウ防除技術確立の碑　・香川県善通寺市

かつてニカメイチュウは稲作で最大の害虫だった。明治時代の害虫唱歌では詳しく歌われ、ニカメイチュウを採集する子供たちのコンテストも行われた。年配の人は田んぼで青白い光を放つ誘蛾灯を覚えているかもしれない。被害を早めに見つけて茎を切り取るなどの物理的な防除方法を劇的に変えたのは化学農薬であった。西日本農業研究センター四国研究拠点（旧、四国農業試験場）の玄関前に１９６３年建立の「稲二化螟虫防除技術確立記念碑」がある。碑には次のような文言が刻まれている。

「昭和26年（１９５１）この地（中国四国農業試験場）において初めてニカメイチュウに対するホリドールの殺虫試験を実証した。その後各地の試験研究によって有機燐剤によるニカメイチュウの防除技術が確立し稲作改善に著しく貢献した。これを記念しこの碑を建てる」。除幕式は１９６４年4月に執り行われた。

また、これと対をなすのが高知県農業技術センター（南国市）にある「稲熱病防除技術確立記念碑」である。稲熱病とは稲の重要な病気「いもち病」で、碑文には「昭和24年高知県農事試験場で初めてセレサンと石灰の混用によるいもち病防除の試験が行われたことを皮切りに各地の試験場で試験が行われ、水銀剤によるいもち病の防除技術が確立し稲作安定に貢献した」（要旨）ことが記されている。

建碑委員に病害虫に関する錚々たる学者や研究者13名が名を連ねている。これらの薬剤は安全性の高いものに変わっているが、現在ではとかくマイナスの側面が大きくとらえられがちな農薬が、日本の米の安定生産に大きく貢献した歴史を今に伝える記念碑である。

所在地：香川県善通寺市仙遊町1－3－1　西日本農業研究センター四国研究拠点（旧、四国農業試験場）

交通：ＪＲ四国土讃線「善通寺」駅から約１・５㎞、徒歩約20分

西日本農業研究センター四国研究拠点玄関前の記念碑（撮影：荻原洋晶氏）

高知県南国市の高知県農業技術センターにあるいもち病防除技術確立記念碑（撮影：山下泉氏）

虫塚

・香川県琴平町

金刀比羅宮（金毘羅宮）で知られる琴平町。その北神苑の鳥居をくぐると国の指定文化財「高灯籠」がある。高さ27mの日本一の灯籠で、瀬戸内海を航行する船の指標として安政7年（1860）につくられた。その奥にある「虫塚」は、本体の高さ101cm、横幅45cm、奥行き20cmほどの四角柱で富士山型の台石に載っている。

江戸時代後期の画家大原東野《おおはらとうや》（1771～1840）が道路工事の際に死んだ虫の供養のために建てたもののようである。大原は大和の出身で大坂に住み、晩年は讃岐に移り住んだ。博物学にも通じ、昆虫収集をして過ごした人である。

琴平電鉄琴平駅に隣接した北神苑にある虫塚（撮影：渡瀬学氏）

所在地：香川県仲多度郡琴平町361
交通：ＪＲ四国予讃線「琴平」駅から北神苑入口まで徒歩約2分
　高松琴平電気鉄道「琴電琴平駅」からすぐ

むし供養塔

・長崎県佐世保市

金色の文字が輝く「むし供養塔」
（撮影：口木文孝氏）

黒髪山《くろかみざん》大智院《だいちいん》は佐世保市の市街地にある真言宗大覚寺派の仏教寺院で、開基は弘法大師空海である。境内に「むし供養塔」がある。碑の右側に「昭和六十年（１９８５）正月六日」、左に「願主宗政伸一建立」と刻まれ、台石に「創業拾周年記念　三洋消毒株式会社」と彫られている。文字が金色に塗られるのは長崎などでよく見られるものだという。

三洋消毒㈱はシロアリなどの消毒を主な社業に１９７５年佐世保市で設立された会社である。その後社名をサニックス㈱に変更し、本社を福岡市に移転した。「むし供養塔」の左右に「海洋魚族供養碑」「酪農牧畜動物供養碑」があるのも事業拡大の表れなのだろう。

所在地：長崎県佐世保市戸尾町９－８　黒髪山大智院の境内
交通：ＪＲ九州「佐世保」駅・松浦鉄道「佐世保」駅より徒歩約10分

除蝗神

・長崎県諫早市

享保の大飢饉の折、この地方でもウンカが大発生して飢饉となった。その後文久年間にも飢饉となったことを機につくられた虫塚がある。諫早市の街中を流れる本明《ほんみょう》川の支流、の前河内川に沿った坂道を1㎞ほど上り、左への急なカーブを曲がって200mほど先の丘の上にその石碑はある。石碑には「除蝗神」の3文字が刻まれている。左右の側面にも読みにくくなった文字があるが、近くにある石の解説板に刻まれた文字で歴史を知ることができる。その内容を記す。

「本明町除蝗神

此の除蝗神は享保年代に西日本を中心に稲に害虫が大発生して飢饉となり　其の後天明天保と虫の害による飢饉が度重なるので其の虫追の神として建立された　本明住民は五穀豊穣の神として崇拝してきた

建立文久3年（1863）亥6月吉日

建立者溝越覺右エ門

除蝗神の碑（撮影：口木文孝氏）

平成の改修工事
建立以来１３０年土台を中心に傷みがひどいので本明町住民より浄財を募り除蝗神本体は文久建立を残し土台の改修工事を行ふ
改修工事　平成２年９月吉日
改修責任者　本明町総代中道重己
相続講代表清水数衛」

この石碑は御影石に刻まれた文字に赤い色を埋めてあるが、建立から30年近くを経て地衣類が表面を覆いかけているので読みづらくなりつつある。

「除蝗神」の碑のある場所はかなりわかりにくいが、白い畜舎や右手前にある「諫江《かんこう》八十八ヶ所巡礼」第四番札所の祠と、左奥の「豚魂碑」が目印になる。

所在地：長崎県諫早市本明町1771
交通：JR九州長崎本線「諫早」駅から車で約15分。諫早駅前バスターミナルから長崎空港行き、または富川行き県営バスで「一軒茶屋」下車、そこから徒歩約13分

水稲晩化記念碑

・熊本県天草市

サンカメイチュウ（三化螟虫）という稲の害虫は茎（髄）に幼虫が食い込んで中を食い荒らす害を与える。現在ではほとんど問題とならないが、かつては九州、特に熊本県などで猛威を振るっていた。

熊本県農業技術センター天草農業研究所の構内に、この害虫の防除技術に関連する石碑がある。碑の表には「水稲晩化記念碑」「農林大臣石黒忠篤書」、裏面の碑文は細かい字で刻まれており判読が難しいが、記録によってその内容を知ることができる。

農薬など適切な防除の手段がなかった時代に、この害虫の生態を利用して被害を防ぐ試みがなされた。成虫（蛾）が稲に卵を産みつける時期に稲の苗が植えられていないように栽培時期を遅くする。頭で考えるほど簡単ではなく、実行するとなると技術面の検討ばかりでなく、地域の農家の理解を得て一斉に田植えの時期を変えなければ効果が挙がらないからである。

この方法について大正の末期から昭和の初めにかけ、実地での検証を含めた研究を重ねて技術を確立したのが熊本県農事試験場の藤本虎喜技師である。水稲晩化記念碑はサンカメイチュウの被害の怖さを知らしめ、防除技術を確立した藤本氏を顕彰する目的で建立された。

もともとは天草郡公会堂（のち中央病院）に1953年6月設置されたが、病院の拡張に伴い撤去の憂き目にあうところ、関係者の努力で現在の場所に移設された。

水稲の晩化栽培記念碑が天草の栖本《すもと》町打田にもある。表に「水稲晩化記念」、裏面に

サンカメイチュウ防除技術確立に関する天草農業研究所の「水稲晩化記念碑」（撮影：行徳裕氏）

天草市栖本町打田にある「水稲晩化記念碑」（撮影：行徳裕氏）

「昭和六年打田區」とあるので、前出の記念碑よりも古い。
これらの石碑に昆虫の名前はないが、稲の害虫サンカメイチュウの防除技術に関するものなのでここに取り上げた。

所在地：熊本県天草市本渡町本戸馬場2315　熊本県農業技術センター天草農業研究所園芸部の構内
熊本県天草市栖本町打田179　打田公民館敷地内
交通：九州産交本渡バスセンターからタクシーで約15分（熊本県農業技術センター天草農業研究所）
九州産交本渡バスセンターから本渡　教良木《きょうらぎ》線バスで約35分「打田」バス停下車、徒歩約1分（打田公民館）

カメムシの碑

・熊本県水上村

熊本県の水上《みずかみ》村は九州山地の山懐の村である。この村でコブハナダカカメムシ(*Neocazira confragosa*)をイギリス人が発見したのは1881年5月、命名されたのは1883年のことである。1965年にこのカメムシが同村で再び発見されたことを記念して村が建立した石碑がある。発見した中学生の学校に設置する構想があったが、球磨川に建設された市房ダムによってできた市房ダム湖の湖岸近くの発見地に設置された。

台座に二つの石碑が並び、右側には「ネオカジラコンフラゴーザ発見の地」の題名と「一九六五年五月二五日　当時水上中学校二年生椎葉房夫君がこの地において水蜜桃の袋がけ中に世界的に珍しいこの昆虫のめすを発見した、この虫は一八八一年本村の湯山において世界で始めて発見されて以来今日まで四頭が採取されたのみでめすはこれが始めてである、最初のものは大英博物館に保存されている」、裏側には「昭和四十三年五月十五日　熊本県水上村」とある。

左側の石碑の上部にはカメムシの姿が刻まれ、下部がそれまでの採集の記録である。

ネオカジラコンフラゴーザ発見者（和名コブハナダカカメムシ）
1881年（明治14年）水上村湯山　雄1頭　英国人ジョージリウイス氏
1955年（昭和30年）鹿児島県佐多岬　雄1頭　富永義昭氏
1964年（昭和39年）鹿児島県佐多岬　雄1頭　岸洋一氏
1965年（昭和40年）水上村江代戸屋野　雌1頭　椎葉房夫氏
世界で4頭目にして初の雌である

このカメムシはその後、大分、宮崎、佐賀でも見つかっているが、今も稀な種である。

2基並んだコブハナダカカメムシ再発見の碑
（撮影：口木文孝氏）

碑の上部に彫られたカメムシの姿
（撮影：口木文孝氏）

所在地：熊本県球磨郡水上村江代《えしろ》402
交通：JR九州肥薩線「人吉」駅からくま川鉄道に乗り換え終点「湯《ゆの》前《まえ》」駅下車。産交バス古屋敷行きで「湯の前駅前」から「江代橋」で下車し徒歩約30分。または「湯前」駅からタクシー約20分

いえばえの碑

・宮崎県都農町

世界の人口は増加を続け、現在の約70億人から今世紀の半ばには約100億人に達すると予測されている。一方で、農耕地の拡大や単位当たりの収量を上げるには限界がある。動物質タンパク源としての昆虫利用は、口にすることへの心理的な抵抗感が大きい。このような中、2013年に国連食糧農業機関（FAO）が昆虫の利用について提起したことも話題となった。

株式会社ムスカはハエを利用したシステムで食料問題への寄与に取り組んでいるベンチャー企業である。社名はイエバエの学名 *Musca domestica* に由来する。設立は2016年と新しいが、イエバエの旧ソビエト連邦の宇宙ステーションでの食料への利用や、前身の会社から引き継いだ技術を継承し、厚い技術の蓄積がある。

システムでは家畜排泄物などの有機廃棄物に45年間1100世代の飼育で選抜された非常に繁殖力が強く世代交代の早いイエバエの卵を接種し、廃棄物で育ったハエの幼虫と、その排泄物を得る。乾燥した幼虫は養殖・畜産向けの優良な飼料に、排泄物は高品質の肥料になる。すなわちハエの利用で人の食料につながるタンパク質を生産し、合わせて家畜の排泄物による環境問題を解決しようとするシステムで、さまざまな賞を受賞するなど注目を集めている。

宮崎県の会社の研究所構内にある「いえばえの碑」には、会社の人たちが前を通るたびに手を合わせる。そして親愛の情をこめ、幼虫を「幼虫ちゃん」、成虫を「いえばえちゃん」と呼ぶのである。研究所へは立ち入り禁止なので、「いえばえの碑」を第三者は目にできない。

宮崎県の研究所にある「いえばえの碑」、従業員は前を通るたびに手を合わせる（写真提供：株式会社ムスカ）

できあがったムスカ飼料（左）とムスカ肥料（右）（写真提供：株式会社ムスカ）

所在地（研究所）：宮崎県児湯郡都農《つの》町川北7650−1

ミバエ根絶記念碑
・沖縄県宮古島市

ウリ類やナス類、マンゴーなどの害虫ウリミバエと、柑橘類、ナス類、グァバなどの害虫ミカンコミバエは、幼虫がそれらを加害するばかりでなく、発生地の農産物が沖縄県外に出荷できなくなる農業振興上の大きな障害であった。そのミバエ類が昭和62年（1987）に宮古群島から根絶されたことを記念し、宮古郡農業協同組合の敷地に記念碑が建立され、昭和63年6月15日に除幕式と記念式典が催行された。

記念碑は宮古島の形で、碑面に「ミバエ絶つ」と「昭和62年11月30日」、裏面には「宮古市町村・宮古地区農業協同組合・宮古地区農業振興会」の連名で「宮古群島におけるミカンコミバエとウリミバエの根絶経過」が石板に記されている。そこには、宮古群島ではミカンコミバエが大正8年（1919）、ウリミバエが昭和4年（1929）に発生確認されたこと、ミカンコミバエは誘殺剤による雄除去法により昭和57年4月に根絶作業開始し昭和59年11月1日に根絶確認、ウリミバエは不妊虫放飼法により昭和59年8月28年作業開始、昭和62年11月30日根絶確認とある。

その間に、ミカンコミバエでは1億9000万円と延べ4500人、ウリミバエでは13億円と延べ5000人の費用と人員を要しており、一大事業であったことがわかる。根絶はミカンコミバエでは発見の66年後、ウリミバエでは58年後のことである。

石碑はＪＡおきなわファーマーズマーケットみやこ「あたらす市場」の裏手で、宮古空港から県道243号線をたどり、郡農協前の交差点を左折して県道78線に入り、右手すぐの場所にあたる。

なお、沖縄県には本島と石垣島にもミバエ根絶記念碑がある（前著『虫塚紀行』所収）。

所在地：沖縄県宮古島市平良《ひらら》西里1442－1

交通：宮古空港から徒歩約20分

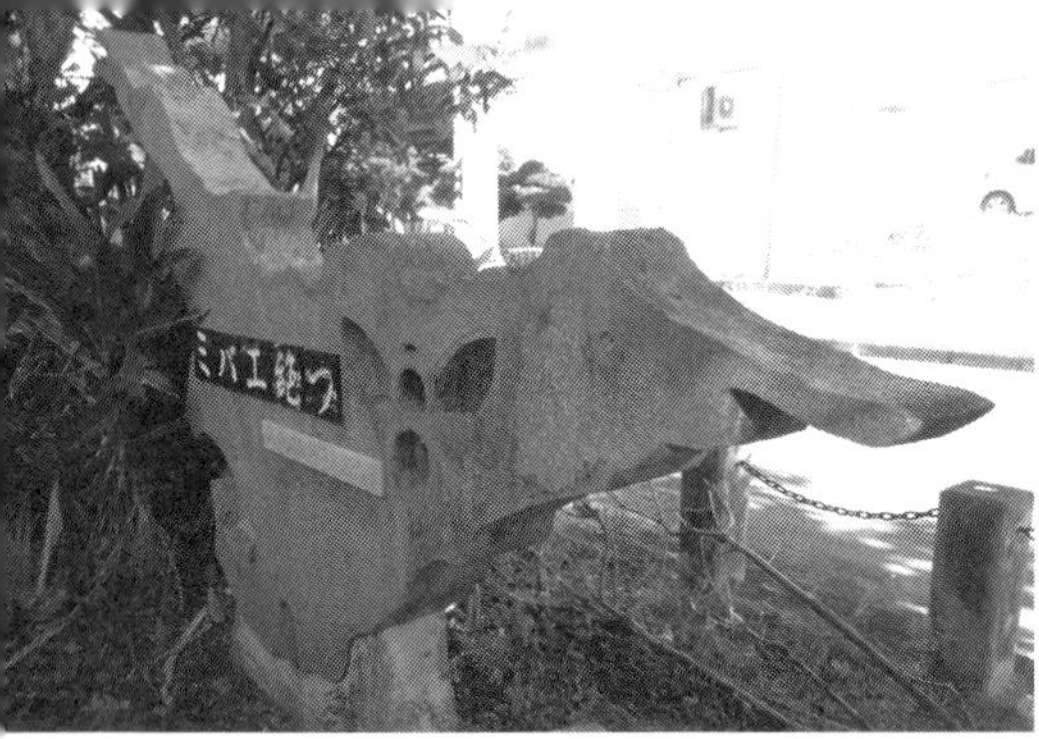

宮古島の形をした根絶記念碑の正面の文字

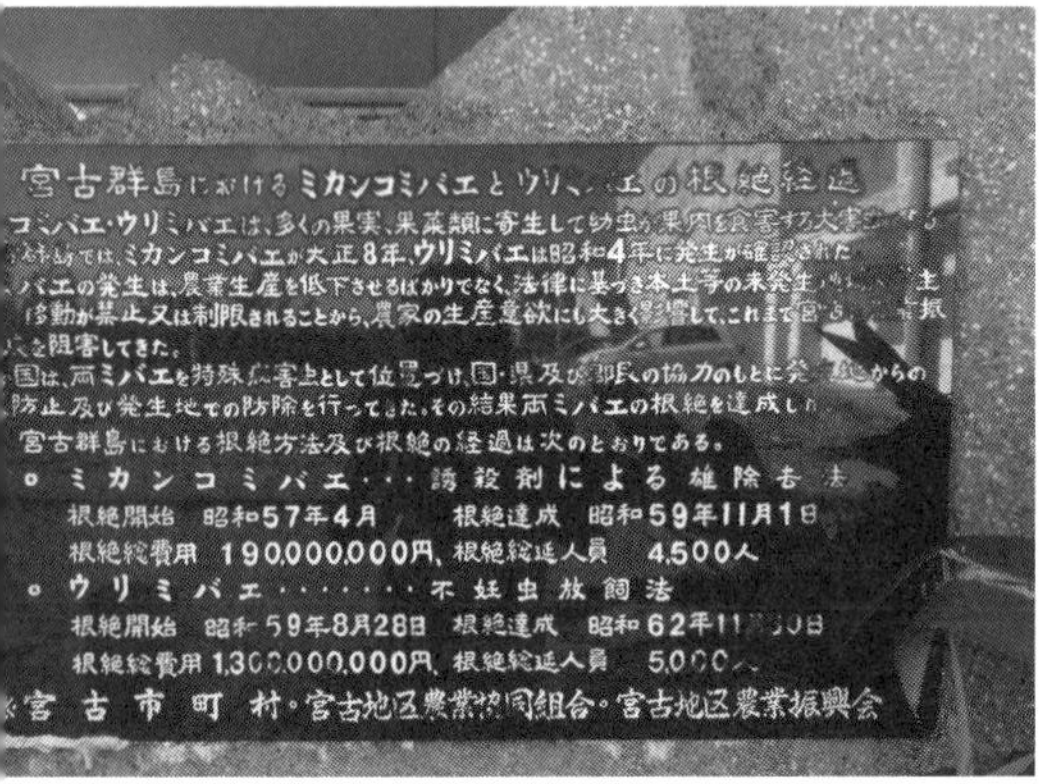

裏面に記されたミバエ根絶に至るまでの経緯

第2章

虫を表す
～歌碑・句碑～

多太神社の参道にある「むざんやな」の句碑（石川県小松市）

◆歌碑・句碑の収録にあたって

虫に関する歌碑や句碑は、虫を供養したり、虫に感謝したり、珍しい虫の発生を記念したりする典型的な虫塚とは趣が異なる。虫を直接取り上げるのではなく、文学や音楽などの衣を着せた虫の姿を表しているからである。このようなものを虫塚の中に加えた昆虫学者長谷川仁博士の慧眼に感心する。

芸術のどのジャンルの碑がつくられているか。前著の『虫塚紀行』では延べ39基のうち約3分の2の24基が童謡や唱歌に関するものであった。本書に掲載したものを加えると、延べ104基のうち、俳句が47基、童謡・唱歌が26基、和歌・短歌が19基、詩が6基、その他の楽曲5基、小説1基と続く。

どのような種類の虫が人間の感性に働きかけ、俳句、短歌、詩をつくらせ、石碑をつくらせたのだろうか。少し専門的になるが、昆虫の分類から目《もく》で記すと、思ったより多岐にわたっていることがわかる。

トンボ目（蜻蛉目）：トンボ、赤とんぼ

カマキリ目（蟷螂目）：カマキリ

バッタ目（直翅目）：ウマオイ、カンタン、キリギリス、コオロギ、バッタ、野に満つる虫、
　　朝の虫、虫しぐれ
カジリムシ目（咀顎目）：シラミ
カメムシ目（半翅目）：セミ、アブラゼミ、ヒグラシ、アブラムシ（しろばんば）、ひょんの
　　実（アブラムシによる虫こぶ）
コウチュウ目（鞘翅目）：ホタル、コガネムシ
ハチ目（膜翅目）：ハチ、アリ
ノミ目（隠翅目）：ノミ
ハエ目（双翅目）：カ、ハエ
チョウ目（鱗翅目）：チョウ、蝶々、小蝶、蚕《かいこ》、蚕の繭
その他：田畑を荒らす虫
童謡の黄金虫をゴキブリとする説を取れば、これにゴキブリ目が加わる。
このほかに虫に関する行事として愛媛県にあるのが「虫送り」の句碑である。
本書では取り上げなかったが、昆虫に関係するものとして、茨城県常総市と兵庫県神戸市の須磨寺に「蚊帳《かや》」の歌碑・句碑がある。
特定の曲や俳句、短歌別に見ると、最も多い昆虫の碑は童謡「赤とんぼ」である。作詞者三

木露風の出身地兵庫県たつの市に3か所、後半生を送った東京都三鷹市に2か所、作曲者山田耕筰の墓所がある東京都あきる野市に1か所、作曲した神奈川県茅ケ崎市の3か所に歌碑や記念碑が立つほか、茨城県龍ヶ崎市、埼玉県久喜市、長野市、和歌山県すさみ町、愛媛県伊予市にも歌碑がある。

万葉集の「筑波嶺の新桑繭の衣はあれど君が御衣しあやに着欲しも」の短歌碑は、筑波山を望む茨城県下に5基が立つ。全体を見渡すと、蝶、トンボ、鳴く虫、蟬などが多く、日本人の持つ感性や好みを反映しているように思われる。

昆虫の歌碑・句碑はこれですべてではない。芭蕉や一茶の有名な俳句にはほかにも存在するし、コンテストで入賞した新しい作品の碑にも昆虫を詠ったものがある。すべてを見て歩くのはとても難しい。

「啄木詩の道」の歌碑

・岩手県盛岡市

盛岡駅を降りると駅ビル正面の外側に「もりおか　啄木」と大きく書かれた文字が見える。駅前には「ふるさとの山に向ひて　言ふことなし　ふるさとの山はありがたきかな　啄木」の立派な歌碑もあって盛岡が石川啄木の街であることを感じさせる。花巻駅や新花巻駅で花巻が宮沢賢治の街であることを感じさせるのと似ている。啄木の歌碑は盛岡のあちこちにあるので一日ですべてを巡るのは難しそうだ。

啄木の歌碑が最も多く並ぶのが岩山公園である。市街地の東方に位置するこの岩山公園の山頂近くには「啄木望郷の丘」がある。東北新幹線の開通を機に1982年11月盛岡観光協会が開設した。

盛岡観光コンベンション協会による看板（昭和57年設置）には、石川啄木（本名：一《はじめ》）が明治18年に玉山村で生を受けてから渋民で育ち、明治45年に東京で客死するまでの一生が短く記されている。夫婦が逝って70年となる年に鎮魂のために夫婦の比翼碑と啄木の銅像を建てると記され、末尾には啄木が最も愛した望郷歌として「岩手山　秋はふもとの三

方の　野に満つる虫を何と聴くらむ」が添えられている。すぐ近くにある啄木の銅像は照井榮、1982年作で、渋民と姫神山を向いている。

その近くにあるのが啄木と節子夫人との夫婦の短歌が仲よく並んだ歌碑である。

石川啄木：汽車の窓　はるかに北に故郷の　山見えくれば襟を正すも

石川節子：光り淡く　こほろぎ啼きし夕より　秋の入り来とこの胸抱きぬ

文字は啄木の真筆のように見えるが、実際には啄木の自筆からの集字であるとの注記がある。盛岡駅ビル外壁の「もりおか」の文字も直筆の字を拾ったものである。

すぐ近くには「啄木望郷の丘」の15周年記念として、1997年4月に「啄木詩の道設立市民の会」がつくった「啄木詩《うた》の道」と呼ばれる小道があり、啄木の歌碑が草むらや明るい木立のあちこちに現れる。いずれにも短歌の金属板がはめこまれた趣のある自然石が使われている。夫婦の歌碑とは異なり、短歌は通常の活字体である。

「啄木詩の道」に並ぶ10首のうち昆虫に関係する短歌は、「ほたる狩　川に行かむといふ我を　山路にさそふ人にてありき」「岩手山　秋はふもとの三方の　野に満つる虫を何と聴くらむ」の2首である。

市街地に戻ると、北上川支流の中津川にかかる富士見橋にも歌碑がある。親柱の一つは岩手山をイメージしているそうで、「啄木詩の道」にある一つと同じく「岩手山　秋はふ

もとの三方の　野に満つる虫を何と聴くらむ」が銅版となってはめこまれている。この橋の名は、橋が南部富士の別名を持つ岩手山を望む位置にあることによるという。

ここからは歩いて盛岡駅に向かう。裁判所前の石割桜や、兜岩（烏帽子岩）がある桜山神社を通って盛岡城跡公園（岩手公園）に至ると「不来方のお城の草に寝ころびて　空に吸はれし　十五の心」の歌碑、商店街の大通二丁目の少年啄木像の台座に「新しき明日の来るを信ずといふ　自分の言葉に　嘘はなけれど」が見られる。

石川啄木・節子夫妻の歌碑

「啄木望郷の丘」の石川啄木像

所在地：岩手県盛岡市新庄町岩山

交通：ＪＲ東日本「盛岡」駅から岩手県交通バス岩山定期観光線で約30分「岩山パークランド」下車徒歩約10分（運行日注意）

「朝の虫」の歌碑

・岩手県盛岡市

いわて銀河鉄道の好摩《こうま》駅から歩いて10分ほどに位置する盛岡市立好摩小学校。正面に姫神山を見ながら校門をくぐると、すぐ右手に石で囲まれた小さな公園がある。そこにはツツジなどで囲まれた石川啄木の胸像と、左隣には「霧ふかき好摩の原の　停車場の朝の虫こそすずろなりけれ」の啄木の歌碑が並んでいる。

歌碑の本体は高さ90㎝、横幅65㎝、奥行き18㎝ほどの大きさがあり、横幅70～80㎝、高さ27㎝ほどの台石に載っている。啄木の妹の三浦光子の真筆である。裏面には「啄木公園造成　寄贈　好摩小学校創立40周年記念協賛事業　平成2年（1990）11月竣工」とある。この小学校は啄木と直接のつながりはないが、節目とする年に郷土の文化人である啄木の公園がつくられたのであろう。

校舎に入ると上り口に鉢植えが置かれた立派な木製の台は1993年度の卒業記念に生徒たちが文字を彫り上げたものである。4面それぞれに啄木の短歌が刻まれているが、歌碑の短歌は正面にあった。学校でうかがった話によると、近くにある渋民公民館（姫神ホール）では、いろいろな部に分かれて「啄木かるた大会」が開かれているという。

小学校から歩いて10分ほどのところにある小高い丘が夜更森《よふけのもり》である。そこへの途中の道からは高くそびえる岩手山が見える。森崎稲荷神社の急な石段を登って小さな社を右側に回ると、四阿《あずまや》の横に好摩小学校と同じ短歌の歌碑が立っている。近くにある「夜更森」の看板には、この歌碑は妹の三浦光子書であること、地元有志によって昭和35年（196

好摩小学校の石川啄木の胸像と歌碑

好摩小学校校舎の玄関付近にある啄木短歌の木製の台

夜更森にある歌碑

0）6月12日に建てられたこと、材料には姫神山から切り出された高さ2ｍ、横幅3ｍの御影石が、台石には岩手山の火山岩が使われたことが記されている。

歌碑を実際に測ると高さ155㎝、横幅235㎝、奥行き25㎝ほどの大きさである。裏側には「昭和三十五年六月　好摩有志建立　啄木妹三浦光子書」と刻まれているようだが少し読みにくい。

啄木がこの地にいた頃にはまだ渋民駅はなく、盛岡に向かうには好摩駅が使われていた。この辺りは新奥の細道の「啄木を訪ねるみち」にあたり、夜更森の山頂付近からの姫神山の眺めは盛岡市の「玉山区重要眺望地点」にもなっていて、ちょうど「好摩の原の停車場」である好摩駅と好摩の町並みを望むことができる。奥には端正な姫神山が裾野を引いている。夜更森から駅に向かって降りた公園にも啄木の別の歌碑がある。

好摩駅の横には「ふるさとの停車場路の　川ばたの　胡桃の下に小石拾へり」の歌碑があるほか、駅舎の中の改札口近くにも樹皮を利用して「霧ふかき」の短歌が書かれた歌碑がある。しかしその来歴は駅員も知らないようだった。

所在地：岩手県盛岡市好摩字夏間木70－60（好摩小学校）
交通：ＩＧＲいわて銀河鉄道・ＪＲ東日本花輪線「好摩」駅西口から徒歩約10分

「小櫛の蝶」の歌碑

・岩手県八幡平市

平舘《たいらだて》駅で鉄道を降りて駅舎を出ると、駅前広場の左手に有名な「たはむれに母を背負ひて　そのあまり軽《かろ》きに泣きて　三歩あゆまず」の歌碑がある。その横に、平舘には大泉院にある2基を含めて四つの歌碑があることなどを記した看板が設置されている。

平舘駅から男性的な稜線をのぞかせる岩手山を右手に見ながら国道282号線を進み、線路を渡ると蟠龍山大泉院は近い。境内には石川啄木が詠んだ二つの歌碑が立っている。本堂の左手にあるのは「わが父は　六十にして家をいで　師僧のもとに聴聞ぞする」の歌碑で、裏面には「昭和四十年（1965）十月啄木の生誕八十周年記念廿二世代建立」と刻まれている。本堂の裏手に回ると「ふるさとの寺の御廊に　踏みにける　小櫛の蝶を夢にみしかな」の歌碑がある。お寺でいただいた資料によると、二つの歌碑とも第二十二世井上大瑩大和尚が自費で建立したもので、碑面の文字も同師の真筆である。

「小櫛の蝶」の歌碑があるのは本堂、庫裡、裏手の斜面の墓地に囲まれた日本庭園。以前は庫裡のすぐ裏に建っていたそうだが、現在は少し左寄りの場所に移されている。歌碑は高さ67㎝、横幅26㎝、奥行き16㎝ほどの大きさで、幅60㎝、高さ50㎝の台石に載っている。

もう一つの短歌の「わが父」とは啄木の父である一禎のことで、師僧とは一禎が帰依した大泉院第十七世対月得籌大和尚を指している。そのようなことは平館駅の看板にも記されていて、啄木の父と大泉院のつながりの深さを示している。

平館駅前の「たはむれに」の歌碑と説明版

大泉院の庭にある「小櫛の蝶」の歌碑

所在地：岩手県八幡平市平館24－38（大泉院）

交通：ＪＲ東日本花巻線「平館」駅から徒歩約10分

「蚤虱」の句碑

・宮城県大崎市

古川駅から陸羽東線の鳴子温泉駅で下車し、鳴子温泉の街を通り抜けて国道47号線を「奥の細道『尿前《しとまえ》の関』」の標識から右に下ると尿前の関の跡に達する。

松尾芭蕉が奥の細道の道中で「尿前の関」を通過したのは元禄2年（1689）5月15日（旧暦）のことである。新暦の7月1日にあたる。岩出山の宿を出た芭蕉と曽良は難路を避けてこの関に達したが、関所の役人に怪しまれて通行に難渋したとされる。

「尿前の関」の柱をくぐると右横に「おくのほそ道　尿前の関」と書かれた解説があって芭蕉がここを通過したときの様子が芭蕉や曽良の日記などから記されている。今は建物が残っていないが、少し奥には岩にはめこまれた陶板製の解説板に江戸時代末期頃の関の想像図が添えられている。その左側には芭蕉の銅像や奥の細道の尿前の関に関する部分を彫った石碑が並んでいる。

この関所の入口の向かい側の開けた場所に「蚤虱《のみしらみ》馬が尿《ばり》する枕もと」の句碑がある。

石積みの台座の上に載った自然石で、台座の高さは１１０㎝、上辺１１５㎝、底辺１８０㎝ほど。句が刻まれた不整形の自然石は高さ83㎝、横幅58㎝、奥行き35㎝ほどの大きさである。芭蕉が関を通過して79年後の明和５年（１７６８）に地元の俳諧同好者たちが芭蕉を偲んで建てた。

表面の中心に「芭蕉翁」、右に「俵坊鯨丈」、左に「主立周谷」、裏面に「蚤虱馬の尿する枕もと　明和五戊子六月十二日建」と刻まれているが、やや読みづらい。

「尿前の関」の句碑と同行してくださった山形県最上町観光協会会長の沓澤周悦氏

「尿前の関」の跡地にある芭蕉の銅像と石碑

所在地：宮城県大崎市鳴子温泉字尿前

交通：ＪＲ東日本陸羽東線「鳴子温泉」駅から徒歩約20分

「蚤虱」の句碑
・山形県最上町

無人の堺田《さかいだ》駅を降り階段を登ると分水嶺の碑が立っている。標高338mのところで平坦な場所の分水嶺は珍しく、ここから日本海と太平洋の双方に流れていく。駅から直進し、すぐにぶつかる国道47号線を右折すると「封人《ほうじん》の家」が向かい側にある。建物の左側には芭蕉の「蚤虱《のみしらみ》馬が尿《ばり》する枕もと」の句碑が立っている。高さ118㎝、横幅74㎝、奥行き25㎝ほどの大きさで、25㎝前後の2段の台石の上に載り、磨かれた中心部分に句が彫られている。1961年に建てられたもので揮毫者は小宮豊隆である。

「尿前《しとまえ》の関」を通った芭蕉と曽良は元禄2年（1689）「封人の家」で宿を求めた。封人の家とは国境を守る役人の家のことで、そこは旧有路《ありじ》家住宅とされており、国の重要文化財である。尿前の関から着いた芭蕉は大雨のためここに2泊することを余儀なくされた。記念館のようになった「封人の家」には囲炉裏のある「ござしき」に続いて三つの部屋と納戸があるが、芭蕉たちがどの部屋に泊まったかは明らかでない。

「ござしき」の前は土間で、続いて三つの馬屋がある。この辺りは小国馬《おぐにば》の産地として知られ、大切に飼われていた。宿を求めた芭蕉はここで馬の尿の音を聞いた。尿を「しと」と読むか「ばり」と読むかとの2説があったが、曽良本の「奥の細道」には「ハリ」とルビがふられている。

封人の家の庭にある「蚤虱」の句碑

「封人の家」（奥に厩）では中鉢藤一郎管理人（左）による来館者への丁寧な解説がある

筆者が訪れたのはちょうど芭蕉と同じ7月1日のことだったが、囲炉裏には火が焚かれていた。雪深い地で、「封人の家」は12月～3月には休館となる。

所在地：山形県最上郡最上町堺田59－3
交通：ＪＲ東日本陸羽東線「堺田」駅から徒歩約5分

「新桑繭」の短歌碑

・茨城県つくば市

つくば市の北西部に位置し、いくつもの企業が入る「つくばテクノパーク大穂《おおほ》」には筑波山を詠んだ二十数基もの歌碑がある。多くは企業を結ぶ道路沿いに並ぶが、うち6基はテクノパーク内の大久保公園に立っている。そのうちの一つが筑波山神社や大宝八幡、筑西市と同じ万葉集の「筑波嶺の新桑繭《にいぐわまゆ》の衣《きぬ》はあれど　君が御衣《みけし》しあやに着欲しも」の歌碑で、花崗岩製。高さはほぼ1m、横幅と奥行きが42㎝で頂部が少し尖った四角柱である。短歌の左の側面には「万葉集」の3文字がある。芝地が多い公園にはさまざまな形をした歌碑のほか、「つくばテクノパーク大穂」の開発記念碑や猟友会による鳥獣供養塔もある。

万葉集の「新桑繭」の歌碑

所在地：茨城県つくば市大久保14（つくばテクノパーク大穂内）
交通：つくばエクスプレス「研究学園」駅からバス約26分「テクノパーク大穂」で下車、徒歩約5分

「新桑繭」の短歌碑

・茨城県筑西市

筑波山や日光連山を望むことができる「宮山ふるさとふれあい公園」はキャンプ場やバーベキュー広場などがある筑西市の施設である。

公園の森の中に立つ万葉集「筑波嶺の新桑繭《にいぐわまゆ》の衣はあれど　君が御衣しあやに着欲しも」の歌碑は、気持ちのよい森の中の道路沿いにあり、木立を通して「筑波嶺」が見える。歌碑の揮毫は筑西市生まれの書家廣瀬波山で高さ１５２㎝、横幅１６７㎝、奥行き66㎝ほどの筑波石の自然石に彫られていて、高さ約30㎝の丸い石10個ほどに囲まれている。

この和歌は、つくば市の筑波山神社や大久保公園、下妻市の大宝八幡宮にある歌碑と同一である。

辺りには歴史的な宮山観音古墳や宮山石倉遺跡があり、こんもりとした木立となっている。小高いところに「弘法の硯石」と呼ばれる石など大きな岩が横たわっている。古墳の傍らにある宮山観音堂は筑西市の有形文化財に指定されている。

平安時代の陰陽師安倍晴明の出生地についてはいくつかの説があるようだが、筑西市猫島もその一つで、「宮山ふるさとふれあい公園」からは北北西に2・5㎞ほど離れている。そこに晴明橋公園や石碑がある。「宮山ふるさとふれあい公園」の展望台の中にも安倍晴明についての展示室があり、展望台の玄関前には有名な「恋しくば尋ねきて見よ和泉なる信太の森のうらみ葛の葉」の歌碑が立っている。「筑波嶺の」の万葉歌碑と同じ書家廣瀬波山の筆である。

新桑繭の万葉歌碑

安倍晴明の歌碑（撮影：宮﨑昌久氏）

所在地：茨城県筑西市宮山５０４
宮山ふるさとふれあい公園

交通：ＪＲ東日本水戸線「下館」駅からタクシーで約20分
関東鉄道常総線「黒子」駅からタクシーで約15分
北関東自動車道「桜川筑西ＩＣ」から車で約20分

「新桑繭」の短歌碑

・茨城県下妻市

茨城県下妻市の大宝八幡宮は大宝元年（701）創建の歴史ある神社である。

南参道からは三つの大きな鳥居をくぐるが、最寄り駅である関東鉄道の大宝駅からは途中の三の鳥居が近く、その先の随身門をくぐると拝殿の前に出る。

神社には多くの境内社があり拝殿の奥に国の重要文化財である本殿が建つが、そのすぐ左に位置するのが摂社の若宮八幡宮である。文治5年（1189）に源頼朝が下河辺行平に命じて勧請させたといわれる。その参道を挟んで一対の狛犬が向かい合っており、狛犬を載せた台石の奥側には万葉集の作者不詳の和歌が刻まれている。

右側には万葉仮名で「筑波祢乃　尓比具波麻欲能　伎奴波安礼杼　伎美我美家思志　安夜尓伎保思母」、左側裏には「筑波嶺の新桑繭《にいぐわまゆ》の衣はあれど　君が御衣しあやに着欲しも」と彫られている。万葉集で歌われた数少ない昆虫に関する短歌の一つ（巻14－3350）で、同じ歌の碑がつくば市の筑波山神社の境内にもある。

狛犬と台石の間の四角い石には「平成18年（2006）1月元旦　万葉東歌研究会」と

彫られていて、筑波山神社の歌碑（前著『虫塚紀行』１８４頁）と万葉東歌研究会は同じであるが、建立者の名前はそれとは異なっている。短歌が彫られている一番下の石は高さが１００㎝、横幅１１８㎝、奥行きが90㎝の大きさがあり、建立者の名前が彫られた石と狛犬の上までを加えた高さは地面から２ｍ45㎝ほどもある。

大宝八幡宮の境内には珍しい「蟬鐘楼」や、このほかのいくつもの短歌碑、さざれ石などがあるのでともに眺めたい。

裏側から見た狛犬と万葉集の短歌

下妻市からの筑波山（撮影：宮崎昌久氏）

所在地：茨城県下妻市大宝６６７（大宝八幡宮）
交通：関東鉄道常総線「大宝」駅から神社まで徒歩約５分

「新桑繭」の短歌碑

・茨城県土浦市

筑波山の山並みを走る筑波パープルラインに接するように朝日峠展望公園は明るい草原が開け、好天の日には霞ケ浦、遠く富士山を望むことができる。

それに隣接する小野生活環境保全林の一角に「万葉の森」がある。万葉集は約４５００首のうち約１６００首を植物が占め、植物の種類は１５０以上に及ぶが、そこから選ばれた30の植物の歌碑が明るい木立の中に点在する。

そのうちの一首が「筑波嶺の新桑繭《にいぐわまゆ》の衣はあれど　君が御衣しあやに着欲しも」で、つくば市、下妻市、筑西市にある歌碑と同じだが、蚕の繭ではなく植物の桑として選ばれた。高さ70㎝、幅55㎝、奥行き38㎝ほどの大きさがある。

万葉の森の「くは（クワ）」の歌碑（撮影：宮﨑昌久氏）

所在地：茨城県土浦市小野
交通：ＪＲ東日本常磐線「土浦」駅から車で約45分

「馬追虫」の短歌碑

・茨城県常総市

農民文学の名作「土」の著者で短歌アララギ派の歌人でもある長塚節は、茨城県岡田郡国生《こっしょう》村（現、常総市）の出身である。同市には彼の短歌8首の歌碑と文学碑が一つあるが、そのうちの一つが常総市石毛総合福祉センターの入口脇に立っている。

おむすびのような形をした石の2面には明治40年作の短歌「馬追虫《うまおい》の髭のそよろに来る秋はまなこを閉ぢて想ひ見るべし」と「朝顔のかきねに立てばひそやかに睫にほそき雨かかりけり」の二つが並んでいる。もう一つの面にはそれぞれの短歌の解説と石毛町合併30周年などを記念して建立したことが刻まれている。歌碑は高さ160cm、横幅300cm、奥行き210cmほどある筑波石の自然石である。

すぐ近くの「豊田城」と呼ばれる市の地域交流センターに足を運ぶと、「垂乳根の母が釣りたる青蚊帳をすがしといねつたるみたれども」の別の歌碑がある。建物の中には長塚節に関連する展示室もある。

彼の生地である国生には生家がある。門の右脇にある常総市と教育委員会の看板には、彼が明治12年に生を受けてから37歳の若さで世を去るまでの生涯が記されている。立派な門をくぐって中に入ると、風格ある茅葺きの主屋がある。

門の右手には菅笠を手に莫蓙を背負って草鞋姿の彼の銅像が立っているが、地域交流センター（豊田城）の前にあるものと同じデザインである。

道を挟んだ「長塚節生家案内所」の横の道路際には「すがすがしかしがわか葉に天ひびきこえひびかせて鳴く蛙かも」の歌碑がある。

一つの歌碑に彫られた馬追虫（右）と朝顔（左）の短歌（撮影：宮﨑昌久氏）

短歌に詠われている
髭（触覚）の長いウマオイ

所在地：茨城県常総市新石下常総市地域交流センター前（馬追虫歌碑）
交通：関東鉄道常総線「石下」駅から徒歩約15分

「油蟬」の句碑

・栃木県宇都宮市

宇都宮市の大谷《おおや》は大谷石の産地として知られる。大谷景観公園は国指定の名勝である。屏風のように切り立った奇石群、御止山の大谷石を眺めてから左手の大谷資料館に進む。その手前の右側の開けた場所に「油蟬《あぶらぜみ》父子一つの石を切る　一徳」と彫られた句碑が建っている。

横幅160cm、高さ90cm、奥行き43cmほどの大きさで自然の形の安山岩と思える石である。裏側にある黒い石に彫られた銘板によると、一徳は姓名を増渕一徳といって大正元年に生まれて栃木県で教職に携わりながら活躍した俳人である。この句碑は氏が昭和18年から28年まで教鞭を執った宇都宮工業学校の卒業生が旧恩に感謝して昭和58年（1983）7月17日に建立したものである。

この句碑を見て、茨城県笠間市の笠間つつじ公園の斜面に建つ「石切唄」の歌碑を思い出した。石塔がただで建てられるので亭主に持つなら石屋さんがよいというユーモラスな歌詞である。石切唄は作業歌として山形県や瀬戸内などの各地にあるようだ。

入館券を求めて大谷資料館に入ると中は大谷石を採掘したあとの巨大な空間となっていて、最深部で地下60mにも広がっている。ひんやりとした空気を感じながら階段を下った先にはイルミネーションが飾られたコーナーもあって幻想的である。手掘りの頃から近代に至る機械も展示されている。句碑は手掘りの時代に父親と息子が力を合わせて暑い中、辛い仕事にあたったことを詠ったのだろう。

大谷資料館前にある油蝉の句碑

アブラゼミ

所在地：栃木県宇都宮市大谷町909

交通：ＪＲ東日本東北本線「宇都宮」駅から関東バスで30分「大谷資料館入口」から徒歩約５分

「君はてふ（蝶）」の句碑

・栃木県鹿沼市

芭蕉は「奥の細道」で鹿沼に一夜の宿を求めた。町にある句碑「君はてふ（蝶）」の句は、奥の細道で詠まれたのではない。芭蕉が荘子の思想に惹かれてつくった句で、鹿沼の鈴木彌三郎氏宅から発見された芭蕉の書簡に記されていた。このことで同氏が今宮神社に句碑を建立したのである。

新鹿沼駅から北方向に向かうと、今宮神社の石の鳥居と大きな杉の樹とが見えてくる。栃木県有形文化財に指定されている社殿左側の石段を登った木立にこの句碑はある。高さ150cm、最大横幅130cm、奥行き15～20cmほどの不整形の石で、台石の上にある。

正面には「君やてふ我や荘子か夢心」と彫られ、裏面の「句碑のことは」には書簡が識者によって芭蕉の真蹟であることが確かめられたことを含め句碑建立のいきさつが細かい字で一面に刻まれ、「昭和三十三年（1958）十二月七日　鈴木彌三郎建立」とある。

鈴木氏宅近くの同市銀座の薬師堂横にある「俳聖芭蕉翁書簡之碑」の碑面にも書簡と同じ句が刻まれている。横幅130cm、高さ80cm、奥行き11cmほどの大きさで、「昭和三十四年一月鈴木彌三郎建立」の文字が裏面にある。薬師堂は廃寺となった正徳院の跡地に残っている堂である。また、近くの日本庭園掬翠園《きくすいえん》には芭蕉が奥の細道紀行の途上に吟じたとされる「入あひのかねもきこへすはるのくれ　風羅坊」の句碑が立つ。

鹿沼は江戸時代から豊富な森林資源を背景に林業が盛んで、木工細工の職人が多くいた土地である。日本庭園掬翠園の入口や新鹿沼駅改札口などにはチェーンソーで彫り出した芭蕉の木像が立っている。

今宮神社社殿奥の木立にある芭蕉の句碑

薬師堂の前の「俳聖芭蕉翁書簡之碑」

所在地：栃木県鹿沼市今宮町1692（今宮神社）
栃木県鹿沼市銀座1丁目1280番地（薬師堂）

交通：東武鉄道日光線「新鹿沼」駅から徒歩約15分（今宮神社、薬師堂）
今宮神社と薬師堂の間は徒歩約5分

「蛍」の句碑

・群馬県高崎市

一茶の七番日記の文化7年（1810）5月11日には中山道新町《しんまち》宿の高瀬屋五兵衛に泊まったことが記されている。新町駅からのびる駅前通りを新町駅入口で左折すると群馬銀行新町支店の左側の駐車場に「旅籠高瀬屋跡」の石碑がある。この碑は昭和52年5月11日に多野藤岡ライオンズクラブが建てたもので、七番日記の該当部分が刻まれている。

なかで一茶の三つの蛍の句が詠まれている。

手枕や小言いふても来る蛍

とぶ蛍うはの空呼したりけり

山伏が気に喰ぬやら行蛍

石碑の左側には「小林一茶宿泊の高瀬屋跡」の説明看板が建っている。

一茶の句が刻まれた「史跡　旅篭高瀬屋跡」の碑

所在地：群馬県高崎市新町2719－1（群馬銀行新町支店）

交通：JR東日本高崎線「新町」駅から徒歩約6分

「蝶々」の句碑

・群馬県館林市

館林市の曹洞宗茂林寺は昔話の「分福茶釜」で有名な寺である。総門（通称黒門）から参道を進むと山門（通称赤門）までの左右にユーモラスな狸の像が合わせて22体並んでいる。山門をくぐって本堂に向かうと左手にあるのが守鶴堂で、その左右にも狸が控えている。守鶴堂の横には一茶の句碑がある。

「蝶々の婦ハリととん多茶釜哉」

高さ118㎝、横幅90㎝、奥行き15㎝ほどの大きさで、高さ約40㎝の石に載っている。碑の裏側には「『おらが春八番日記　文政二年』より　平成十五年五月五日建立　信濃町柏原紀行記念」として住職ほか何名かの名前が刻まれている。「茶釜」の文字があるように「おらが春」の茂林寺の部分にこの句がある。さらに「おらが春」の茂林寺にはこの句とともに「桜迄悪く云はする藪蚊哉」「蟻の道雲の峰よりつゞきけん」の2句も記されているが、いずれも昆虫の句であるのがおもしろい。

この句碑の横には石の形は異なるが、ほぼ同じ大きさの筆塚と茶筅塚が並んでいる。毎年5月の最終日曜日には地元の茶華道連盟による茶筅供養が行われるという。

境内にはたくさんの狸の像のほか、高さ140㎝、横幅250㎝ほどの立派な巌谷小波のレリーフ付きの「ぶんぶく茶釜」の詩碑があり、そこには4番までの詩が載っている。

この一帯は茂林寺公園で、茂林寺のほか、群馬県指定天然記念物「茂林寺沼及び低地湿原」、「ホタルの里」などが広がっている。葦のあいだを木道が通っていてよい散歩コースとなる。夏になると「ホタルの里」ではヘイケボタルが発生する。

所在地：群馬県館林市堀江町1570

交通：東武鉄道伊勢崎線「茂林寺」駅から徒歩約10分

守鶴堂横にある一茶の蝶々の句碑

守鶴堂の横に並ぶ茶筅塚、筆塚、一茶句碑（左から）

「ひぐらし」の詩碑

・群馬県渋川市

渋川駅からの伊香保案内所行きのバスを水沢停留所で降りると県道15号線沿いに名物の水沢うどんの店が立ち並ぶ。すぐ先の石段を登ると坂東十六番札所五徳山水澤観世音で、朱塗りの立派な仁王門が待っている。その左手前にあるのが明治・大正時代の詩人山村暮鳥の詩碑である。

ひぐらし

また蜩のなく頃となつた
かな　かな
かな　かな
—どこかに
いい國があるんだ

山村暮鳥

高さ55㎝、横幅68㎝、奥行きは15～21㎝の大きさがあり、二つの四角い台座で支えられて大きな石の上に載っている。黒い御影石に浅く刻まれている詩は角度を選ばないと少し読みづらい。裏面には1965年8月8日の日付と建立者二人の名前がある。

すぐ右手には「い香保嶺に　雷な鳴りそね　吾が上には　故はなけども　児らによりてぞ」の万葉歌碑が並んでいる。

水沢観世音の仁王門

山村暮鳥の「ひぐらし」の詩碑

駐車場横のたけ緒の「蟬しぐれ」の句碑

水沢山を背景にした駐車場横の万葉歌碑

階段を登ったところに建つ立派な朱塗りの本堂と六角堂は、奥山の緑と見事なコントラストを見せ、参拝客が撞く鐘の音が時折響いてくる。左側には飯綱《いいづな》大権現の鳥居と急な石段があり、そこを登りきると万葉歌碑が林の中に見える。

「伊香保呂能　夜左可能為提爾　多都努自能　安良波路萬代母　佐禰乎佐禰氏婆（伊香保ろのやさかのゐでに立つ虹の顕ろまでもさ寝をさ寝てば）」。

石段を下りて土産物店を抜けると、大きな駐車場となる。そこにたけ緒の「老杉に沁みる古刹の蟬しぐれ」の句碑がある。釈迦堂と向かい合う場所である。辺りに飯縄大権現と同じ万葉歌碑や大山節子（関口セツ）の歌碑なども あるので姿のよい水沢山（浅間山）を背景にして眺めたい。この場所へは水沢観音バス停のほうが近い。

所在地：群馬県渋川市伊香保町水沢214
交通：ＪＲ東日本上越線「渋川」駅より群馬バス伊香保案内所行きで約20分、「水沢」で下車し徒歩約５分

「おおかみに蛍」の句碑

・埼玉県皆野町

埼玉県の秩父地方は狼信仰で知られる土地である。皆野町の椋《むく》神社に金子兜太の「おおかみに蛍が一つ付いていた」の句碑がある。句は緑泥片岩と思われる高さ１６０cm、正面の横幅１３０cm、奥行き１１０cmほどの自然岩に、独特の個性を持つ彼の真筆で刻まれている。平成7年（１９９５）秋から同12年（２０００）初夏の間に詠まれた第13句集の「東国抄」に収録され、彼の代表句の一つに挙げられもする。

この地の出身である金子は「ニホンオオカミは絶滅したと言われているが自分の中ではいのちの存在の原姿として生きている」と述べている。皆野町には寺院や味噌の会社の庭などの何か所にも彼の句碑がある。

椋神社境内にある「おおかみに蛍が一つ付いていた」の句碑

所在地：埼玉県秩父郡皆野町皆野２３８
交通：秩父鉄道「皆野」駅から徒歩約10分

「蛍飛ぶ」の歌碑

・千葉県市川市

市川は歴史と文学の町である。両側の商店や住宅の壁に万葉集のパネルが次々に並ぶ落ち着いた商店街「万葉の道（大門通り）」を進むとやがて継橋《つぎはし》に出る。右手にあるのが万葉の伝説の美女「真間《まま》の手児奈《てこな》」を祀った「手児奈霊神堂」で、そこを少し進んだ向かいにひっそりと位置するのが北原白秋の歌碑がある亀井院だ。本堂の左手の白壁を背にしたその歌碑が見える。

台石に乗った高さ95㎝、横幅１２０㎝、奥行き20㎝ほどの不整形で、正面に「北原白秋」「蛍飛ぶ真間の小川の夕闇に蝦すくふ子か水音たつるは」と彫られているが、改行が一定でないのでやや読みづらい。裏側には「北原白秋　大正五年夏ここに寓す　平成二年晩夏市川ロータリークラブ建立」の文字が刻まれている。

寺の門の左側に「市指定重要文化財　真間万葉顕彰碑」の木柱と枠で囲まれた石碑が、本堂の左手の奥には手児奈が水を汲んだと伝えられる「真間の井」がある。

寺の入口右側に設置された市の教育委員会による看板には、寺の来歴に合わせ北原白秋が大正5年5月中旬から一月半にわたって亀井院で生活したが、それは彼が最も生活に困窮した時期であったことが記されている。

先ほどの継橋を直進すると弘法寺《ぐほうじ》への急な石段となる。踏み石の一つが「涙石」と呼ばれるもので常に濡れたような状態にある。弘法寺の近辺には小林一茶、水原秋桜子、富安風生などの句碑も立っている。真間川に沿って市川ゆかりの文学者とその作品の紹介板が並ぶ「文学の道」を進むと市川真間駅が近い。

所在地：千葉県市川市真間4−4−9

交通：JR東日本総武線「市川」駅北口から徒歩約15分、京成電鉄「市川真間」駅から徒歩約10分

北原白秋の蛍の歌碑

「真間の継橋」と奥に見える弘法寺

「きりぎりす」の句碑
・千葉県流山市

小林一茶は北総地方（千葉県の北部）に足をよく運んだ人である。流山は江戸時代からみりん醸造が盛んな地で、みりんの開発者の一人とされる5代目秋元三左衛門は本業のかたわら双樹の号で俳句を楽しみ、一茶と親交を結んでいた。一茶双樹記念館の説明書によれば、一茶は生涯に50回以上も双樹のもとを訪れた。

秋元家の屋敷を改修復元した一茶双樹記念館の建物を通って右に進んだ庭に一茶の句碑がある。どっしりした礎石に載った高さ１２０cm、横幅95cm、奥行きは60～80cmほどの自然石で、正面に「一茶　夕月や流残りのきりぎりす」と彫られている。文化元年（１８０４）９月２日に流山で詠んだ句である。

この頃、流山は洪水に見舞われていたが、洪水が収まって夕月が出た中で生き残ったキリギリスが鳴いている様を詠んだ句である。句碑の石材は一茶が生まれ育った長野県上水内郡信濃町柏原の黒姫山産で、柏原から見守られる方向に建っている。これらのことは句碑の横に建っている解説碑に詳しく記されている。

記念館の中心をなす双樹亭には三つの畳の部屋と三方を取り囲む廊下があり、座って枯れ池のある庭を眺めると気持ちがよい。隣の一茶庵には流山で小林一茶が詠んだ句のうち30句が短冊で掲示されている。きりぎりすの句のほか、「蟬なくや柳ある家の朝の月」「蚊の出《いで》て空うつくしき夜也けり」の昆虫に関する句がある。一茶ゆかりのこの地は平成2年（1990）12月に流山市指定記念物（史跡）第1号に指定されている。

きりぎりすの句碑

句碑の横にある解説碑

所在地：千葉県流山市流山6丁目670番地1　一茶双樹記念館
交通：JR東日本武蔵野線、つくばエクスプレス「南流山」駅から徒歩約25分
流山鉄道「平和台」駅から徒歩約8分

「夏花の蝶」の句碑

・千葉県鋸南町

小林一茶は房総をよく訪れていたことが知られている。安房勝山にある華王山清台院浄蓮寺には文化3年（1806）5月19日から8泊し、そのとき鯨見物もしたようだ。一茶44歳のことである。ここでは5句の俳句を残している。

その句碑が寺の開創400年にあたる2016年11月、本堂の手前左手に建てられた。本体は中国産の黒御影石製で高さ92㎝、横幅82㎝、奥行き12㎝ほどある。正面の句は「小《こ》盥《だらい》も蓮《はちす》もひとつ夕べ哉」であるが、裏側には建立の経緯とともに5句すべてが彫られていて、その一句が「わざわざに蝶も来て舞ふ夏花《げばな》哉」である。

寺の入口の左手にも「南房総観光圏事業」でつくられた62㎝ほどの羽子板状の木製の句碑があり、この蝶の句と解説が次のように記されている。

「わが墓にきて夏の草花を供えていると蝶が来てその夏花に止った。夏花がご先祖様の霊を呼び寄せたのであろうか。ありがたいことである」

この辺りは捕鯨が盛んだった土地で、一茶を招いたのは房州捕鯨の祖とされる醍醐家四代目醍醐新兵衛定恒である。寺から歩いて15分くらいの山裾にある酒井家弁財天境内に捕鯨が盛んだったことを偲ばせる祠状の鯨塚がたくさん並ぶ。１００基ほどつくられ、現在は52基が残るが、風化が進み苔や羊歯に覆われつつある。

この鯨塚は鯨を供養、祈願するために1年に1基ずつつくられたものだという。近くの加知山神社にも形が崩れかけた１００基ほどがある。駅前の親切な観光案内所で道順などを聞いてから訪ねるとよいだろう。

真新しい一茶の句碑。蝶の句は裏面に彫られている

木製の「蝶も来て舞う」の句碑

所在地：千葉県安房郡鋸南町勝山３１５　浄蓮寺境内
交通：ＪＲ東日本内房線「安房勝山」駅から徒歩約10分

「蟬なくや」「蟬声降りしきれ」の句碑 ・東京都足立区

東武鉄道伊勢崎線竹ノ塚駅から線路沿いを北千住方向に歩き、少し左側に入ったところに源頼朝、義家と所縁が深い炎天寺がある。山門の横には「真言宗豊山派　幡勝山成就院炎天寺」と書かれた石柱が建つ。かつて小林一茶はこの寺の辺りを俳人たちとよく歩いたと伝えられる。境内には阿弥陀如来、馬頭観音、庚申塔、六地蔵など多くの石造物が並ぶ。文化13年（1816）9月に一茶がこの地で詠んだ「蟬なくや六月村の炎天寺」と同年4月に詠んだ「やせ蛙まけるな一茶是にあり」の句碑がそれぞれ昭和37年（1962）、昭和38年（1963）に建てられた。ほかにもいくつかの句碑があり、昆虫を詠んだ楠本憲吉の「蟬声降りしきれ寺領に子どもらに」もその一つである。一茶の銅像や蛙の姿の七福神が周囲に彫られた石柱もあり、本堂の前や池を囲むように大小たくさんの蛙の焼き物が並んでいる。

一茶は「蟬なくや六月村の炎天寺」のほか文化14年（1817）6月に「むら雨や六月村の炎天寺」など数句をこの地で詠んだとされている。その由縁から、毎年11月23日に一茶を顕彰する「一茶まつり」が境内で開かれる。一茶法要忌、全国小中学生の俳句大会の表彰式や蛙の着ぐるみによるユーモラスな蛙相撲が行われ、多くの人たちでにぎわう。

竹ノ塚駅近くにはいくつかのデザインマンホールが並ぶ通りがあり、その一つが一茶の「やせ蛙まけるな一茶是にあり」の句と蛙が相撲を取っている図である。

所在地：東京都足立区六月《ろくがつ》3－13－20　炎天寺境内
交通：東武鉄道伊勢崎線（スカイツリーライン）「竹ノ塚」駅東口から徒歩約12分

一茶の「蟬なくや」の句碑

楠本憲吉の「蟬声降りしきれ」の句碑（右）

炎天寺の入口と山門

一茶の蛙の俳句のマンホール

「蝶の飛ぶ」の句碑

・東京都八王子市

八王子駅から歩いて10分ほどの住宅街、永福稲荷神社社殿の右側に、芭蕉の「蝶の飛ぶばかり野中の日影かな」の句碑がある。貞享2年（1685）、野ざらしの旅で鳴海滞在中の句である。

社殿は金属製の柵で囲まれ、句碑もその中にあるが碑文を読むことはできる。右下に「芭蕉翁」、左側に「桑都九世松原庵太虚書」と刻まれている。裏面に「日影塚陰の記」とあるので、「日影塚」と呼ばれるようだ。桑都とは八王子のことである。江戸時代の女流俳人松原庵星布が句碑を建立したが大火のため失われ、今あるのは後に松原庵九世により再建された。境内には力士「八光山権五郎」像、隣接した公園には市指定の「新町《しんちょう》竹の鼻一里塚址」の石柱と看板が立つ。

芭蕉の「蝶の飛ぶ」の句碑（日影塚）

所在地：東京都八王子市新町5－5　永福稲荷神社境内
交通：ＪＲ東日本「八王子」駅北口から徒歩約10分

神山霊土歌碑

・東京都青梅市

青梅市の武蔵御嶽《みたけ》神社に「神山霊土歌碑《しんざんれいどのかひ》」がある。境内の砂（土）が田畑の虫の害を防いでくれるという古くからの信仰を詠んだ珍しいものである。

ケーブルカーの御嶽山駅から参道をたどり、石段を上り詰めたところが風格のある武蔵御嶽神社である。幣殿・拝殿とその奥の本殿を回り込んだ右側にあるこの碑は明治20年2月の建立で、青梅市の資料によると高さは約170㎝、幅は約165㎝あるが、厚さは約5㎝とごく薄い。

歌碑上部の「神山靈土歌碑」の題字は副島《そえじま》種臣（外務卿）、文（詠）は本居宣長の曽孫である本居豊穎《とよかい》、書は山岡高歩《たかゆき》（鉄舟）による。

万葉仮名を交えて書かれた歌碑の碑文を神社でいただいた説明書から引用すると「神武天皇は夢のお告げにより、奈良大和三山の一つ天香具山の頂の土を採り、その土で沢山の瓦をつくり、天の神さまに供え祀ったところ、願いがかなない大和を平定なさることができた。（中略）延喜式神名帳にある大麻止乃豆天神社として古来より信仰される武蔵御嶽神社のこの土は、神代の霊力そのままに、田畑を荒らす虫の害を防いでくださる、誠に不思議な尊い土である。なるほどなるほど、このように尊く高くそびえ立つこの山に祀られる神様のお力を、世の人々はただただひたむきに信仰されよ」とある。

この霊土は虫などの害を防ぐだけでなく方位除け、厄難消除の砂としても崇められ、神符授受所でいただくことができる。農薬などによる化学的な方法や、天敵を利用する生物学的な方法が確かではなかった時代には、信仰的・呪術的な方法に基づく害虫防除の考え方があり、それを信じて「霊土」を求める人が今もいるのは興味深いことである。

社殿の右手にある「神山霊土歌碑」と説明の高札

田畑の害虫に効き目がある武蔵御嶽神社の霊土

所在地：東京都青梅市御岳山176
交通：JR東日本青梅線で「御嶽」駅下車、西東京バスで「御岳」駅から「ケーブル下」で下車、御岳登山鉄道（ケーブルカー）で「滝本」駅から「御嶽山」駅下車徒歩約30分

「カンタンをきく会」記念碑・東京都青梅市

日本には虫を聴く文化があり、少なくとも奈良時代や平安時代から人々の間で親しまれてきた。梅谷献二氏によるとこのような文化を持つのはほとんど日本と中国だが、その「虫聴き」も生活の西欧化に伴い衰退の道をたどっている。しかし、今も行事を引き継ぐところがある。青梅市の御岳山では「カンタンをきく会」が毎年開かれ、令和元年には64回を数える。ケーブルカーの御嶽山駅から武蔵御嶽神社への表参道を少し歩むと、赤い鳥居の右手前にカンタンの石碑がある。「永劫に　御岳の宝　邯鄲《かんたん》の声　矢島稔」と刻まれ、左右150cm、高さ80cm、奥行き9cmほどで、高さ約90cmの石組の上に載っている。

矢島氏は、「群馬県立ぐんまの森昆虫館」の名誉園長を務める著名な昆虫学者である。背面に刻まれた石碑の由来によると、青梅市、青梅市観光協会、御岳山観光協会が平成17年（2005）9月3日開催のカンタンをきく会第50回を記念して建てたものである。この会は昭和31年（1956）秋、青梅市の有志数人が山上の宿に集まり、美しいカンタンの音を楽しんだことに由来する。その後青梅市と観光協会が共催し、御岳山の関係者の好意により毎年9月に開催し、平成17年に満50年を迎えた。虫聴きの会で50年続いた例はほかになく、今後も多くの人が御岳山の自然とカンタンの声を楽しみ親交を深めることを希望すると書かれている。この会では、矢島氏のカンタンについての講話ののち屋外で鳴き声を鑑賞する。

矢島氏にうかがうと、カンタンの鳴き声は単調であるが、耳を傾けているうちに心が鎮められる。俳句のように見える碑文だが、形式にとらわれずこの虫への思いを詠ったものである。

「カンタンをきく会」の記念碑前での昆虫学者の河合省三氏

鳴き声の美しいカンタン
（撮影：大川秀雄氏）

所在地：東京都青梅市御岳山
交通：JR東日本青梅線で「御嶽」駅下車、西東京バスで「御岳」駅から「ケーブル下」で下車、御岳登山鉄道（ケーブルカー）で「滝本」駅から「御嶽山」駅下車徒歩約5分

高石神社句碑村の昆虫句碑　・神奈川県川崎市

小田急線の百合ヶ丘駅近くの高石神社の境内には多くの句碑があり、「句碑村」と呼ばれている。駅からも見える木立がそこである。駅前から山を這い上るようにびっしりと住宅地が開けているが、神社へはその間の急な坂道を登っていく。神社の森に突き当たるので、そこを左折すると右側に大きな神明鳥居が現れる。これは裏門で、さらに森に沿って進むと「高石神社」の扁額が掲げられた石の鳥居に達する。ここからが参道である。鳥居をくぐると右側に句碑がいくつも並んでいる。句碑村の始まりだ。51もの句碑が点在し、これが句碑村と呼ばれるゆえんである。筆者が訪れたところでは最も多くの句碑が並んでいるところだ。それらの中に昆虫が詠まれた五つの句碑がある。

それらの句碑を探す前に急な石段を登って高石神社の社殿をお参りしたい。天照大神を祭神とする歴史ある神社で、創建は承応3年（1654）にさかのぼる。参拝してからいったん石の鳥居まで戻り、たくさんの句碑を鑑賞する。句碑は地元の俳句の会「さざなみ会」が建立したもので、それぞれの句碑に彫られた文字を見ると年数をかけて設置されたことがわかり、石材も字体も斉一ではない。境内に句碑の案内図があるわけではないので、足元に注意しながらどこにどのようなものがあるのか、参道や傾斜の強い斜面を見て回ることになるがそれも楽しい。ここでは昆虫に関する五つの句碑について説明する。

「放つ掌にしばしはすがる蛍かな」　井口光石

石の鳥居をくぐって狛犬のすぐ右側に位置する。昭和61年11月吉日の建立、高さ約1m、横幅85㎝ほどある。井口光石（光雄）は1923年（大正12）東京都生まれ。

「句を選ふ心澄みけり虫しくれ」　日比野桃旭

井口光石の句碑のすぐ左側にある。昭和61年11月吉日の建立、高さ約170㎝、横幅約120㎝。日比野桃旭（正久）は1911年（明治44）富山市生まれで、松尾芭蕉の甥の初代桃家大白堂桃隣を祖としている。

「負うて来し母に眩き蝶の昼」　森かづじ

神社の社殿に向かう急な石段を右に折れて終わり近い左側にある。高さ約1m、横幅95㎝ほどの大きさで、平成8年5月吉日の建立。森かづじ（一二）は1931年（昭和6）川崎市麻生区王禅寺生まれ。

「神苑に来て蟬の聲ふりかぶり」 吉沢小篁

森かづじの句碑と細い道を挟むようにしてある。高さ約1m、横幅約95㎝ほどの大きさで、昭和63年11月吉日の建立。吉沢小篁（伊三夫）は１９３０年（昭和５）川崎市麻生区黒川生まれ。

井口光石の「蛍」の句碑

日比野桃旭の「虫しくれ」の句碑

吉沢小篁の「蟬の聲」の句碑

高浜虚子の「山國の蝶」の句碑

「山國の蝶を荒しと思はずや」　高浜虚子

急な石段の終わり近くを右に入って左側、手水舎（みたらし）の下にあたる場所に立つ。高さ約２ｍ、横幅１８０㎝もあり平成４年４月吉日の建立。俳句村の句碑で最も大きいもののようだ。高浜虚子は１８７４年（明治７）愛媛県生まれ。

階段を登り切った左側には愉快な「福蛙、銭蛙、若蛙」の彫刻と石碑があるので、これも見ておきたい。境内で蛙の形をした石が掘り出されたことに由来するらしい。社殿の左側には神社の由来を詳しく記した立派な「記念碑」が建っている。ここは標高が１３０ｍくらいあるところで、百合ヶ丘の街などを見下ろすことができる。

住宅街にはよく似た道が途中にたくさんあるので百合ヶ丘駅への帰りは曲がり角をまちがえないように注意したい。なお、社務所で平成10年12月高石神社句碑村編集、発行人笠原湖舟、発行所高石神社の冊子「高石神社お伊勢の森　句碑村」を頂戴することができた。ここに記した俳人の情報はそこから得ている。

所在地：神奈川県川崎市麻生区高石１－31－１
交通：小田急線「百合ヶ丘」駅北口から徒歩約10分

「あなむざん甲の下のきりぎりす」の句碑　・石川県小松市

松尾芭蕉の一行が多太神社を詣でたのは元禄2年（1689）7月25日（新暦9月8日）のことである。7月27日に再び多太神社を詣で、「あなむざん甲の下のきりぎりす」を詠んだ。この句はよく知られた「むざんやな」の句の初案にあたる。その句碑が境内の松尾神社の前にあって、はせをの名前とともに不整形の石に彫られている。

句碑は低い柵で囲まれており、高さ82～95㎝、横幅75㎝、奥行きが35㎝ほどの大きさがある。かつては宝物館の位置にあったが、宝物館の造営に際して現在の位置に移された。

斎藤別当実盛の兜は木曽義仲が実盛を討ったときにこの神社に奉納された。芭蕉は約500年後にそれを見て句にしたのである。重要文化財であるこの兜は宝物館の奥に所蔵され、通常は複製品が展示されているが、事前にお願いすれば実物を拝観することができる。

神社の鳥居から拝殿に向かう参道の左右には実盛の兜、芭蕉、実盛の像などが解説とともに並んでいるがいずれも新しい。そのうちの一つで、芭蕉がそののち「奥の細道」では姿を変えた「むざんやな甲の下のきりぎりす」の句碑は参道の右側にあるが、これは2003年建立の新しいものである。

なお、神社の説明書によると、ここでいう「きりぎりす」はコオロギのことである。神社では毎年7月下旬には史実を後世に伝える「かぶと祭り」が催されている。

「あなむざん」の句碑の奥には、小松市出身の町原《まちはら》木佳《ぼくすい》による「虫枯るる宵を不覚のかがみぐせ」の句碑がある。

所在地：石川県小松市上本折町72番地　多太神社境内
交通：JR西日本北陸本線「小松」駅から徒歩約15分

多太神社境内にある「あなむざん」の句碑

「きりぎりす」とされるツヅレサセコオロギ

兜の説明をする神社総代で實盛之兜保存会会長の中山哲郎氏

「かまきり」の句碑

・石川県小松市

小松市内には多太神社の「甲の下のきりぎりす」の二つの句碑のほかにも、本折日吉神社《もとおりひよし》や公園などの各所に芭蕉の句碑がある。小松市が作成したパンフレット「おくのほそ道」によると全部で8基を数える。そのほかにも芭蕉十哲の一人に数えられる立花北枝の句碑がある。

小松駅を背にして県道101号を右に梯《かけはし》川にかかる小松大橋まで25分ほど歩く。その手前の大川町の交差点を右折した先にある梯大橋との間の堤防下の植え込みに、「立花北枝」と彫った石柱と、少し離れて「かまきりや引きこぼしたる萩の露」の句碑、その右側には立花北枝について解説した石碑とが並んで立っている。

立花北枝（研屋《とぎや》源四郎）は小松の研屋小路（現、小松市大川町）の出身で研刀を家業とした人で、芭蕉の「奥の細道」の旅では体調を崩した曽良に代わって、金沢から越前松岡（現、福井県永平寺町）までの16日ほどを芭蕉に同行した。北陸俳諧の重鎮として活躍し、俳人であった兄とともに芭蕉の弟子になっている。

小松市の寺町にある曹洞宗建聖寺の境内には芭蕉の「しをらしき名や小松吹く萩薄」の句碑があるが、この寺には立花北枝が師の面影を永遠に残そうと丹精を込めて彫ったと伝えられる座高18㎝ほどの芭蕉の木像が所蔵されていて、小松市指定文化財になっている。なお、この句の碑は小松市内だけで3基を数える。

小松大橋のすぐ近くには芭蕉の「ぬれて行や人もをかしき雨の萩」の句碑があるので、立花北枝の「かまきり」の句碑とともに訪ねよう。

所在地：石川県小松市大川町一丁目付近

交通：ＪＲ西日本北陸本線「小松」駅から徒歩約25分

立花北枝のかまきりの句碑

萩に止まっているカマキリ

「むざんやな兜の下のきりぎりす」の句碑・石川県加賀市

篠原古戦場は倶利伽羅《くりから》峠の戦いで敗走し態勢を立て直そうとした平家軍と、源氏の木曽義仲軍が寿永2年（1183）に戦った場所である。この戦いで平家の武将斎藤別当実盛が源氏の手塚太郎光盛の呼びかけに応じて斬りあい、首を討ちとられた。

幼い頃の木曽義仲の命を助けたことのある実盛は、情けを受けることを潔しとせず白髪を染め、名乗ることなく戦って討ち死にしたのである。

義仲の前にその首を差し出すと、実盛をよく知る樋口次郎兼光が一目見るなり「あなむざんやな、斎藤別当にてそうろう」と涙をはらはらと流した。これらのことは「源平盛衰記」に記され、謡曲「実盛」などにも取り上げられている。

加賀市内に実盛の亡骸を葬ったとされる「実盛塚」がある。老松に覆われた立派なものである。そこから2㎞ほど離れた場所には、討ち取った首を洗った「首洗池」があり、ほとりに実盛の首級の前で嘆き悲しむ木曽義仲主従の像と、芭蕉が奥の細道の行脚で168

9年（元禄2）立ち寄ったときに詠んだ「むざんやな兜の下のきりぎりす」の句碑がある。本体は高さ160cm、横幅120cm、奥行き30cmほどの大きさで、小松市の多太神社の句碑とは句が少し異なっている。

ウンカなど稲の害虫の被害を減らすために行われた「虫送り」「虫追い」と呼ばれる行事（今も民俗行事として一部で残る）を「実盛送り」と呼ぶ地方がある。騎乗の実盛が稲の刈り株に足を取られて討ち取られたことを恨んで稲の害虫コヌカ虫（サネモリムシ）に化けたという言い伝えからこのように呼ぶのである。

所在地：石川県加賀市芝山町63－69（首洗池）、加賀市篠原町ノ2番（実盛塚）
交通：JR西日本　北陸本線「小松」駅から車で約20分、両者間は車で約5分

首洗池の畔にある芭蕉の句碑

石柱が中に立つ首洗池

「逃げる蛍」の句碑

・長野市

長野駅から善光寺に向かう表参道右側の「かるかや山西光寺」には芭蕉塚、大蛇の塚、針塚とともに一茶の真蹟による「花乃世ハ仏の身さへおや子かナ」の句碑がある。少し先の新田町交差点のそれぞれの角にも小型の一茶の句碑が並ぶ。さらに大門交差点を横切る国道406号線の両側に九つの句碑がある。昆虫を詠った「秋風に歩いて逃げる蛍かな」の句碑は長野大通りと交差する田町西交差点近くにある。すべての句碑には文字を書いた人の名前が記されているが、この碑は長野の切り絵作家柳沢京子氏である。縦74㎝、横幅47~56㎝ほどの六角柱である。

一茶の「逃げる蛍」の句碑

所在地：長野市大字三輪1320付近

交通：長野新幹線「長野」駅善光寺口から大門交差点まで徒歩約20分、そこから蛍の句碑まで徒歩約5分。または長野電鉄長野線「権堂」駅から蛍の句碑まで徒歩約3分

信濃町の一茶句碑

・長野県信濃町

小林一茶は１７６３年信濃町柏原で生を受けた。15歳で江戸に奉公に出され、36年間生活を送ったのち50歳になって故郷の柏原への永住を決めた。一茶は生涯に2万句にも及ぶ句を残している。信濃町作成のパンフレット「しなのまちどんなまち?･」（２０１７）によると信濃町には１１６基もの一茶の句碑がある。そのうち昆虫を詠んだ句碑を中心にいくつかを巡った。

黒姫駅構内の下りホームにある「やれうつな蠅が手をする足をする」の句碑は高さ１１５㎝、横幅65㎝、奥行き45㎝ほどの大きさで、文字は真筆拡大、信濃町碑の会が１９８８年８月に駅百周年を記念して建立したものである。

改札口を出て駅舎のすぐ左に立つのは「蟻の道雲の峰よりつづきけん」の句碑で、高さ１２０㎝、横幅85㎝、奥行き63㎝ほどの大きさがある。柏原観光協会が１９８３年10月14日に建立した。文字は真筆模写拡大である。台石には C.W.Nicol 氏による句の英訳「The ant's path ～ Does it not reach To yonder cloudy peak?」も彫られている。

駅を離れると次のような昆虫の句碑がある。
「庭の蝶子が這へばとひはへはとぶ」黒姫物産センター　１９８４年7月建立
「はつ蝶の夫婦連して来たりけり」信濃町総合会館前　１９９０年2月建立
「そば所と人はいふ也赤蜻蛉」高齢者福祉施設「おらが会」の建物前
「湖ニ尻をふかせて蟬の鳴」野尻湖公民館前の左側木立　１９８４年建立
「遠山が目玉にうつるとんぼかな」信濃町立古間小学校（２０１２年廃校）入口　１９８９年11月建立
「木の陰や蝶と休むも他生の縁」板橋神社鳥居の手前右　１９９３年11月建立

黒姫駅ホームの「やれうつな」の句碑

たくさんの俳句が並ぶ俳諧寺の格天井

現地案内をしてくださった協友アグリ㈱の方々と一茶記念館の前で

黒姫駅近くには昆虫以外にも一茶のたくさんの句碑が並んでいる。駅前の観光案内所にある印刷物などを参考にしたい。黒姫駅から歩いて7分ほどの小丸山公園の一角にある「一茶記念館」にはぜひ立ち寄りたい。黒姫山や妙高山を望む小高い場所に建っている。館内には一茶に関する多くの資料が展示され、受付横のミュージアムショップでは関連する書籍やグッズが売られている。館内には11個の一茶俳句スタンプラリーがあり、全部集めて受付に持参すると名物ねこ館長「うみちゃん」のスタンプがもらえる。別棟の民俗資料棟には多数の民具が展示されていた。

小丸山公園の斜面には「是がまあつひの栖か雪五尺」の句碑のほか、他の俳人などの石碑が点在している。斜面の上には一茶を慕う人たちによって1910年に建てられた茅葺きの俳諧寺（一茶俤堂、一茶堂とも呼ぶ）があり、その格天井には著名な俳人や画家、文学者などにより寄せられた揮毫が並んでいて見応えがある。俳諧寺を右手奥に進んだ林の中には一茶の背の高い墓が立っている。

一茶は生涯に多数の虫の句を詠んだ。一茶記念館展示のデータが棒グラフなので概数しか読み取れないが、昆虫別の句数は蝶370句、蛍280、蚊210、蟬150、きりぎりす140、蚤130、蠅120など多くの数にのぼる。

韓玲姫、綿抜豊昭の一茶の虫の俳句に関する研究論文によると、一茶が詠んだ発句の中に占める昆虫の句数の割合は９％に及び、芭蕉の４％、蕪村の５％を上回る。その中で蚊、蚤、蠅を詠んだ句は36年の江戸漂泊の生活を清算して故郷の柏原に安住した50歳の１８１３年（文化10）以降になって急に増えているそうだ。一般には嫌悪の対象とされる虫たちの句が多いのは、一茶にとってこれらが自分とともに生きる重要な存在だったためだろうと考察している。

所在地：長野県上水内郡信濃町柏原２７１１（黒姫駅）
長野県上水内郡信濃町柏原２４３７−２（一茶記念館）
長野県上水内郡信濃町柏原１７５−６（黒姫物産センター）
長野県上水内郡信濃町柏原２４６５−１（信濃町総合会館）
長野県上水内郡信濃町柏原３５０（おらが会）
長野県上水内郡信濃町大字野尻３０３（信濃町公民館野尻湖支館）
長野県上水内郡信濃町大字富濃１９４５−２（信濃町立古間小学校跡）
長野県上水内郡信濃町大字大井２５２（板橋神社）
交通：しなの鉄道北しなの線「黒姫」駅下車
（信濃町柏原の句碑は黒姫駅から徒歩圏内にある）

「きりぎりす」の句碑

・長野県下諏訪町

下諏訪は文学の町で「増補　一茶の句碑」（財団法人俳諧寺一茶保存会）によると町内には87基もの歌碑や句碑があるそうだ。小林一茶の七番日記には諏訪の御射山《みさやま》祭を詠んだ句が40以上もあるので、昭和60年（1985）頃から一茶句碑を建てることが計画され、平成元年（1989）までに町内や御射山の参道に19基が建てられた。そのうちの一つが志まや旅館前にあるきりぎりすの句碑である。

下諏訪駅前の道を直進し、「下諏訪駅前」の信号を右折して諏訪大社下社秋宮の手前から旧中山道に入ると左手にあるのが志まや旅館である。入口の右側に「又も来よひざをかさうぞきり〴〵す　一茶七番日記より」と彫られた句碑がある。揮毫は両角《もろずみ》としさんで、現館主の両角誠也氏の母親にあたる人である。館主によると句碑に使われているのは霧ヶ峰の六方石で、高さ80㎝、横幅37㎝、奥行き20㎝ほどの大きさがある。右隣に流紋石と思われる大きな石が寄り添っている。

志まや旅館のすぐ近くには今井邦子文学館、歴史民俗資料館やその向かいに「あざみの唄」の歌碑があるなど辺りは見どころが多い。

日本一大きい青銅製の狛犬が迎える立派な諏訪大社下社の秋宮も近くにあるのでお参りをしたい。雰囲気のある中山道を歩き、志まや旅館を通りすぎて10分ほど進むと諏訪大社下社の春宮に達する。その横にある浮島を抜けると「万治の石仏」が田んぼの中に独特な姿を見せる。物事を万事治めて願いを聞いてもらおうと石仏を回る人たちの姿がある。

所在地：長野県諏訪郡下諏訪町湯田本町３３６８

交通：ＪＲ東日本中央本線「下諏訪」駅から徒歩約15分

志まや旅館前のきりぎりすの句碑

諏訪大社下社の春宮近くにある「万治の石仏」

ミニ奥の細道の句碑

・岐阜県大垣市

大垣は「奥の細道」の結びの地である。それを記念して市内には芭蕉の句碑や施設がある。そのうちの一つが「ミニ奥の細道」と呼ばれる通りで、大垣城の外堀だった水門川沿いの２・２㎞ほどの道を奥の細道の行程２４００㎞に見立てている。

大垣駅南口から左に進むと2~3分で愛宕神社に出る。ここを出発地として「ミニ奥の細道」の旅を始める。句碑は水門川の右と左の双方に設置されているので、駅の観光案内所で入手できるパンフレットがとても役立つ。初めの句の千住での「行春や鳥啼魚の目ハ泪」から、最後の大垣の「蛤のふたみに別行秋そ」までの22句碑が芭蕉の訪れた順に設置されている。

どの句碑も自然の形を活かした立派なもので、句が詠まれた町などの説明に合わせ一枚の写真が添えられたステンレス製の説明板がセットで横に並んでいる。その文面から説明文はそれぞれの土地の人が寄せたものに思える。

昆虫が詠まれた封人の家の「蚤虱馬の尿する枕もと」は7番目で高さ135㎝、横幅は125㎝、立石寺の「閑さや岩にしみ入蟬の声」は9番目で高さ138㎝、横幅87㎝ほどの大きさである。

大垣は「全国水の郷百選」に選ばれた水の都である。途中の八幡神社にある「大垣の湧水」で喉を潤そう。終点近くで県の指定史跡「住吉燈台」や蛤の句碑近くにある芭蕉翁と木因翁像を見たのち、「奥の細道むすびの地記念館」では資料の展示や、「奥の細道」を巡る3D画像がいくつかのテーマに分けて上映されているので時間が許せば楽しみたい。

所在地：岐阜県大垣市錦町～船町（ミニ奥の細道のスタート地点と終点）

交通：JR東海東海道本線「大垣」駅南口から徒歩2～3分

「蚤虱」の句碑

「閑さや」の句碑

「しろばんば」の文学碑

・静岡県伊豆市

井上靖の「しろばんば」は伊豆湯ヶ島を舞台に、洪作少年とおぬい婆さんとの心の交流を描いた私小説的な作品である。冒頭に出てくるのが「しろばんば」という小さな昆虫で、村の子供たちが秋になるとヒバの細枝を振り回して辺りを飛ぶこの虫をとらえようとする様子が描かれる。

その小説の文学碑が、舞台となった湯ヶ島（現、伊豆市）にある。湯ヶ島バス停から横断歩道を渡って左に進んだ右手の広場で、井上靖が実際に少年時代を過ごした旧宅の跡地である。美しい白御影石製で、その形を帽子に例えればクラウンの部分は高さ１０６㎝、横幅１７８㎝、奥行き57㎝ほど、鍔《つば》にあたる台石は横幅２６５㎝ほどのサイズである。正面には井上靖の真筆で「しろばんば」の題名と小説の冒頭部分が、裏には大岡信による「しろばんばの碑に題す」という題の解説が刻まれている。

少し離れた湯ヶ島小学校には洪作少年とおぬい婆さんの銅像が立つ。洪作少年が「しろばんば」を取ろうと小枝をかざし、おぬい婆さんは座って右手をさしのべている。

地元で「白いお婆さん」を表す「しろばんば」とはどのような虫なのか。北海道で雪虫と呼ばれるアブラムシに近い「ヒイラギハマキワタムシ」であることが静岡県の池田二三高氏たちの調査でわかってきたが、夏の世代がどこにいるのかなど生活史は完全に解明されていないそうだ。

旧湯ヶ島地区では夕方5時になると、「しろばんばの唄」が防災無線で流される。天城湯ヶ島町が作品を募集して1995年につくられていて、作詞：栗原千晶、補作：安藤裕夫、作曲：小林登による曲である。

「しろばんば」の文学碑

ヒイラギハマキワタムシの成虫
（しろばんば）（撮影：池田二三高氏）

所在地：静岡県伊豆市湯ヶ島
交通：伊豆箱根鉄道「修善寺」駅から東海バスで河津方面に約25分「湯ヶ島」で下車、そこから徒歩約5分

「沢の蛍」の歌碑

・京都市

京都の奥座敷といわれる貴船《きぶね》に平安時代の歌人和泉式部の蛍の歌碑がある。貴船口《きぶねぐち》駅からバスを乗り継いで貴船まで。そこから５分ほど歩くと貴船神社の入口に着く。「総本社貴船《きふね》神社」の石柱と朱塗りの鳥居をくぐって両脇に赤い灯籠が並んだ石段を登ると、貴船神社の本宮である。お参りのあとに水みくじで運勢を占ってから表の府道３６１号線に戻り川床料理の店を右手に坂道を５分ほど登ると左側に結社《ゆいのやしろ》（中宮）がある。石段を少し登った中宮の境内には「天《あめ》の磐船《いわふね》」と呼ばれている船の形をした自然石が置かれ、その奥に和泉式部の歌碑が立っている。

横の解説板によると、夫との仲がうまくいかなくなった和泉式部が恋を祈る神社でもあった貴船神社にお参りし、飛ぶ蛍を見てせつない情を歌に託して祈願したところ社殿の中から返歌が聞こえてきて、夫婦仲がもとのようによくなったのだという。

後拾遺和歌集の「男に忘れられて侍りけるころ貴布禰に参りてみたらし川に蛍の飛び侍りけるを見てよめる」の詞書のあとに「ものおもへば沢の蛍もわが身よりあくがれいづる

魂かとぞみる」と書かれていて、碑にはこの歌が刻まれている。
中宮からさらに先に進むと奥宮があって、ここがもともとの本宮だったそうだ。時間があれば貴船口と貴船神社の間はバスに乗らずに貴船川沿いの府道361号線を歩きたい。30分ほどの道のりだが貴船口から歩き始めてそれほど遠くないところに「蛍岩」があるからである。そこには「和泉式部恋の道」と書かれた看板もある。

所在地：京都市左京区鞍馬貴船町180（本宮）
交通：叡山電鉄「貴船口」駅、または京都バスで「国際会館駅前」から「貴船口」まで。近くの「貴船口駅前」から京都バスで「貴船」まで約5分、そこから徒歩約5分で貴船神社本宮（「貴船口」からは徒歩約30分）、歌碑のある「結社」まではそこから徒歩約5分

貴船神社の本宮

貴船神社の結社にある和泉式部の蛍の歌碑

小倉百人一首「きりぎりす」の歌碑

・京都市

京都市右京区の嵐山・嵯峨野エリアに小倉百人一首文芸苑がある。五つの地区に分かれていて小倉百人一首の歌碑が並ぶ。

そのうち長神《ちょうじん》の杜《もり》地区には新古今集からの14首、詞花集からの5首がある。JR嵯峨嵐山駅の北口から丸太町通りに出て左に進み途中で右に折れて進むと、二尊院への道に導かれる。二尊院に隣接するのが長神の杜である。

ここにあるのが小倉百人一首で唯一昆虫を詠んだ後京極摂政前太政大臣の（91）「きりぎりす鳴くや霜夜のさむしろに衣かたしきひとりかも寝む」の歌碑である。他の歌碑と同様に歌碑解説碑と組になって並んでいる。

秋田素鳳の書によるこの歌碑は、横幅135㎝、高さ80㎝、奥行き45㎝ほどの花崗岩の自然石である。裏面には「寄贈　京阪グループ　H19・10建立　（財）小倉百人一首財団」と記された小さな金属プレートが埋め込まれている。

解説碑には「こおろぎが鳴いている、霜の降りるそんな肌寒い夜、寒いばかりか私は、粗末なむしろ上に片袖を敷いてひとりぼっちで寝るのだろうか」の歌意が記されている。この時代にきりぎりすと呼ばれていたのは、今のコオロギまたは鳴く虫を指すとすることが通説となっている。

長神の杜の中には、山辺赤人の（4）「田子の浦にうち出でて見れば白妙の富士の高嶺に雪はふりつつ」や、持統天皇の（2）「春すぎて夏来にけらし白妙の衣干すてふ天の香具山」など人気のある和歌の歌碑もある。それぞれの歌碑を見ると、書家や寄付者が異なっている。長神の杜を出ると、近くには俳人向井去来の閑居の跡である落柿舎があり、山陰本線を突っ切って進むと天龍寺を経て渡月橋に達する。

後京極摂政前太政大臣のきりぎりすの歌碑

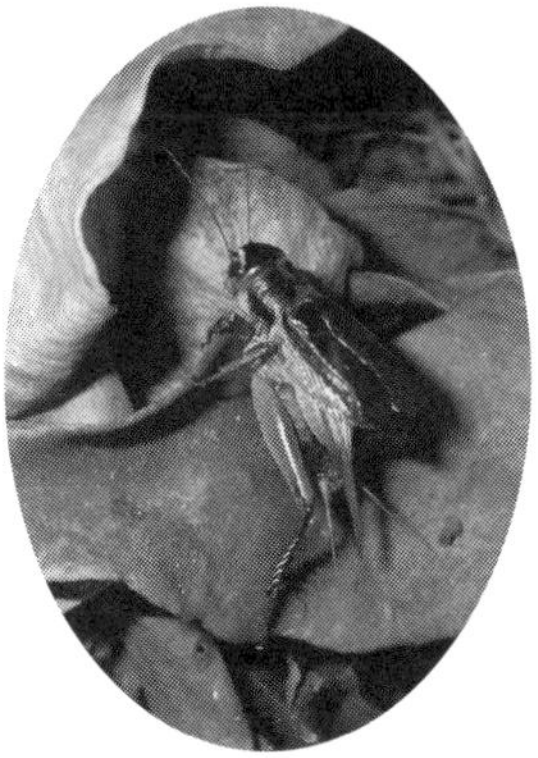

鳴いているエンマコオロギ

所在地：京都市右京区嵯峨二尊院門前長神町19

交通：JR西日本山陰本線「嵯峨嵐山」駅から徒歩約15分

「赤とんぼ」の歌碑

・和歌山県すさみ町

紀伊半島の南端に近いすさみ町の「日本童謡の園公園」は、本州で最も南の童謡公園であろう。ＪＲ江住《えすみ》駅または見老津《みろづ》駅から国道42号線を歩いて30分ほどの場所にある。10基の歌碑が並ぶこの公園は、すさみ町が国の中小企業庁の「地域小規模活性化推進事業」の町に指定されたことを受け、１９８７年につくられた。10月18日には歌手で政治家の安西愛子や歌碑の童謡に所縁の人たちが招待され、公園でオープニングの記念式典とアトラクションが行われた。

「吉野熊野国立公園　日本童謡の園」の看板を過ぎると、芝地に「童謡の園」の石碑が見える。近くには、紀州を舞台とした「まりと殿様」、新宮市出身の東くめ作詞による「鳩ぽっぽ」、すさみ町出身の保富康午《ほとみこうご》作詞の「お花がわらった」の地元に関係する三つの銅像と歌碑があり、ボタンを押すと歌が流れる。明るい林を縫う「童謡の散歩道」へと進むと、７基の童謡の歌碑があり、センサーで自動的に歌が流れる仕掛けになっている。その一つ「赤とんぼ」は、本体の高さ１１５㎝、横幅１０３㎝ほどで、皇太子殿下時代の平成天皇が皇太子妃殿下とこの地を1971年に訪れた「行啓記念碑」と向かい合う位置にある。残る「七つの子」「みかんの花咲く丘」「めだかの学校」「うみ」「てるてる坊主」「夕焼小焼」の歌碑を見ながらの道は階段で海へと下り、暖地性植物群落が天然記念物に指定されている江須崎（島）へと続く。

公園や江須崎一帯からは、黒潮躍る枯木灘の変化に富む海岸を望める。夕日の美しいところで、特に見老津駅は絶好の夕日ポイントとなっている。

所在地：和歌山県西牟婁郡すさみ町江住142

交通：JR西日本紀勢本線（きのくに線）「江住」駅、または「見老津」駅から徒歩約30分、月～金曜日には江住駅、見老津駅、周参見《すさみ》駅を通る町のコミュニティバスが一日数本運行されている

すさみ町出身の保富康午作詞の「お花がわらった」の銅像と歌碑

「赤とんぼ」の歌碑

「こうろぎ」の歌碑 ・徳島市

眉山《びざん》は徳島市の人たちに愛されている山で、どの方向からも嫋《たお》やかな眉の姿に見えることからその名がついたといわれる。徳島城下総鎮守の春日神社は眉山のふもと、寺社の多い一角にある。

天正14年（1586）に藩主蜂須賀家政が徳島城の築城とともに城下の鎮守として他の場所から遷座したとされる。鳥居をくぐり、名物「滝の焼餅」の店を右手に見ながら進むと本殿と拝殿に着く。左側に回ると鳥居と天照皇大神の石柱が建ち、横には天照皇大神など5柱の神様が記された地神社の看板がある。

その鳥居と八阪神社へと続く左側の石段との間に位置するのが小唄「こうろぎ」の歌碑である。堀派は大正2年（1913）に堀小多満《こたま》により創設された小唄の流派で、「こうろぎ」をつくった堀小勇《こゆう》は堀小多満の門下、大正時代の中期から主に関西で堀派の地盤をつくるなど活躍した。東京・湯島天満宮の小唄顕彰碑に、小多満などとともに名前が記されている。

四角い歌碑は横幅210㎝、高さ90㎝、奥行き10㎝ほどの大きさである。正面には「こうろぎの妻こひけらしすだく音も　秋立つ庭にうらさみし　ああその昔われもまた　恋せし人を思ひてぞみる」と刻まれ、左上には別に「小唄　こうろぎ　作詞作曲　堀小勇」と彫られているが、文献によると作詞者は不詳ともある。昭和20年代につくられた小勇の代表曲で、コオロギの鳴く音で昔の恋人を思い出すという日本人ならではの恋の歌である。

この歌碑は故人の芸を偲ぶために遺弟たちにより建てられ、裏面に「昭和40年（1965）11月『堀派小唄徳島いさみ會』」と記されている。

春日神社の入口（撮影：米津公絵氏）

神社境内にある「こうろぎ」の歌碑
（撮影：米津公絵氏）

所在地：徳島市眉山町大滝山1番地
春日神社境内
交通：JR四国高徳線「徳島」駅から市営バスで「西大工町」下車、徒歩約3分

「こんぴら道の小蝶」の句碑　・香川県善通寺市

善通寺市の浄土真宗楠木寺《くすのき》の門を入るとすぐ左手に石で囲まれた「ふるさと公園」と表示された区画があり、そこにソテツと並んで一茶の「おんひらひらこんぴら道の小蝶かな」の句碑がある。句碑はおむすびのような形をしていて、裏面には「寛政六年四月十二日　信濃の俳人小林一茶　菜の花の咲く　大麻村《おおさ》にてよむ　世話人八木貞男　昭和四十七年四月十二日建立　大麻町文化財保護委員会」と刻まれている。揮毫は当時の住職楠見浄信である。境内に遠くからでも目立つ大きなクスノキと横に普賢山楠木寺と彫られた石碑がある。寛政6年（1794）は一茶が九州から四国に渡った32歳のときにあたっている。

門のすぐ左手にある一茶句碑

所在地：香川県善通寺市大麻町887　楠木寺境内
交通：高松琴平電気鉄道（ことでん）「琴電琴平」駅から徒歩約30分、またはＪＲ四国予讃線「琴平」駅から徒歩約30分

「おんひらひら」の句碑

・香川県琴平町

一茶句碑と同行の渡瀬学氏

金毘羅宮（こんぴらさん）は全国の琴平神社、金比羅神社などの総本宮で、海上交通の守り神として信仰されている。

参道入口から本堂まで785段（奥宮までは1368段）もある急で長い石段を登る。途中の桜馬場と呼ばれる緩やかなところで右に折れると宝物館である。その左手の植え込みに「おんひら〳〵　蝶も金比羅参哉」と刻まれた一茶の大きな句碑がある。寛政6年（1794）の句で一茶の真筆（拡大）である。裏面に大勢の名前とともに「昭和38年（1963）四月吉日」の文字が見える。そこからさらに旭社を過ぎて登り続けると本宮で、その前の展望台からは讃岐平野、讃岐富士、瀬戸大橋を望むことができる。

所在地：香川県仲多度郡琴平町892−1
交通：ＪＲ四国予讃線「琴平」駅、高松琴平電気鉄道「琴電琴平」駅から徒歩約20分

「虫送り」の句碑

・愛媛県松山市

松山市の無量山西法院千福寺は真言宗豊山派の寺である。山門を入ると正岡子規が詠んだ「火や鉦や遠里《とおさと》小《お》野《の》の虫送」の句碑が立っている。緑泥片岩で、裏側には「故郷」の題とともに「嬉しきも故郷なり。悲しきも故郷なり。悲しきにつけても嬉しきは故郷なり子規子」と書かれている。松山市教育委員会設置の看板によると子規句集「俳句稿」明治31年秋の部の句で、遠里小野は万葉集に見る大阪の地名、当時の地名「小野」のゆかりで詠んだものだろうとしている。虫送（虫送り）は虫追いとも呼ばれ、松明《たいまつ》を焚き、鉦を鳴らして田の害虫を追い払う農村行事である。

所在地：愛媛県松山市平井町1520
交通：伊予鉄道横河原線「平井」駅から徒歩約5分

千福寺山門近くにある正岡子規の句碑と看板（撮影：荻原洋晶氏）

虫送り（虫追い）（埼玉県越谷市北川崎）

「蝶泊まらせる」の句碑

・愛媛県松山市

松山は俳句の町として知られ、松山出身の正岡子規記念館が道後公園の中にある。その道後公園の北入口近くに一茶の「寝ころんで蝶泊まらせる外湯哉」の句碑が立つ。1949年の建立で、酒井黙禅の筆による。すぐ横にある高札には「一茶はその師竹阿の旅日記『其の日ぐさ』の跡をたどり寛政七年（1795）讃岐から松山に入り、師の友人栗田樗堂の二畳庵を訪ね、二月一日に松山を訪れてこの句を詠んだ」と記されている。2月1日は新暦の3月21日にあたるそうで、暖かい松山では蝶も飛んでいたのだろう。一茶は松山が気に入ったのか翌年もこの地を訪れた。句碑の近くには県の有形文化財「湯釜」がある。

道後公園内の一茶句碑
（撮影：荻原洋晶氏）

所在地：愛媛県松山市道後公園
交通：伊予鉄道「JR松山駅前」から道後温泉行き電車で約25分「道後公園」駅または終点「道後温泉」駅から徒歩すぐ

恋人岬の「赤とんぼ」の碑
・愛媛県伊予市

愛媛県伊予郡双海《ふたみ》町（現、伊予市双海町）は「しずむ夕日が立ちどまる町」のキャッチフレーズを使い夕日で町おこしをした町として知られる。NPO法人日本列島夕陽と朝日の郷づくり協会の「日本の夕陽百選」に選ばれ、愛称「夕やけこやけライン」の国道378号線沿いにある「ふたみシーサイド公園」には関連の施設が並ぶ。「赤とんぼ」「夕日」「夕焼小焼」「紅葉」「故郷の空」「あの町この町」の六つの童謡の歌碑があって「童謡の小路」と呼ばれている。海に突き出ているのが恋人岬で、そこに「赤とんぼ」の歌碑がある。丸くくりぬいた穴から夕日を眺められるようにデザインされている。

所在地：愛媛県伊予市双海町高岸甲2326
交通：JR四国　予讃線「伊予上灘」駅から徒歩約5分

「夕焼小焼」の歌碑と恋人岬の石碑（撮影：荻原洋晶氏）

「赤とんぼ」の歌碑（撮影：荻原洋晶氏）

第３章

虫の名を冠する寺と神社

松虫寺の入口と仁王門（千葉県印西市）

◆寺と神社の報告にあたって

寺や神社には名前に虫の名前を冠したところがある。昆虫と人間とのかかわりについて考える文化昆虫学の見地から、昆虫の名前を冠した寺社を取り上げる。

ここに収載したのは19の社寺で、前著『虫塚紀行』でとりあげた京都市の「鈴虫寺」(華厳寺)と兵庫県丹波市の「蟻の宮・蚕の宮」(高座《たかくら》神社)などを加えると20か所強となる。昆虫の種類別では、予想したとおり最も多かったのは蚕で、そのほかの昆虫はハチ、蟻、松虫、鈴虫、玉虫であった。

特に多い蚕に関連する神社は創建の理由が想像できるように思えるが、それほど単純でなく、詳しく調べると単に蚕を祀っただけではないそれぞれの特徴がある。

茨城県つくば市神郡《かんごおり》に鎮座する「蚕影神社」(通称蚕影山神社)は金色姫伝説に基づく神社で、全国にある蚕影神社の総本社であるが、養蚕業の衰退を受けて神社は社殿のみならず、参道まで歴史を感じさせる状態になっているのが惜しい。日立市の「蚕養《こがい》神社」、神栖市の「蚕《さん》霊《れい》神社」と合わせ常陸国の三蚕神社と呼ばれる。ここから勧請された神社が関東には多数存在しており、本書では埼玉県入間市の「蚕影神社」、東京都立川市の「蚕影神社」、神奈川県相模原市の「蚕影山神社」、海老名市の「蚕影神社」、座間市の「蚕神社」を取り上げた。

このうち、立川市の「蚕影神社」と座間市の「蚕神社」は、蚕を食べてしまうネズミの敵である猫を祀る神社へと姿を変え、さらには養蚕業の衰退に伴って猫をネズミの天敵とするのではなく、迷い猫探しやペットとしての犬・猫の健康を祈るものへと信仰の形を変えている。また、福島県会津若松市の「蚕養國神社」や京都市の「蚕の社」は金色姫伝説とは流れが異なるようである。長野市松代にある「虫歌観音」も蚕に関係する昔話から命名された。

蚕と異なる名の虫の寺社は、信仰よりも昔話や伝説に基づくものである。ハチの神社は岩手県柴波町の「蜂神社」と香川県高松市の「蜂穴神社」で、ともに人を刺すハチの習性を利用した戦《いくさ》の物語が神社名の由来である。蟻に関する神社が「蟻通神社」で大阪府泉佐野市と和歌山県田辺市にある。枕草子にもある蟻に糸を結んで曲がりくねったところを通すという説話に基づいている。奈良県東吉野村にある丹生川上《にゅうかわかみ》神社（中社）かつてその名で呼ばれていたそうだ。兵庫県丹波市の高座神社の「蟻の宮」は名前が同じ蟻でも別の由来によるものだ。

千葉県印西市の「松虫寺」「松虫姫神社」は昆虫のマツムシに直接関係するものではなく、松虫姫という名の姫の物語による。山形県山辺町の「玉虫神社」「玉虫大明神」、福岡県筑前町の「玉虫大明神社」は別の由来を持っている。

石碑に「蚕神社」と刻まれただけのところはここでは取り上げていないし、現地を訪ねても十分な情報が得られなかった岩手県盛岡市の「蟻塔庵」もここには含めなかった。虫の名前のついた寺社はほかにもまだまだあることだろう。

蜂神社

・岩手県紫波町

岩手県紫波町に「蜂神社」という名前の神社がある。古館《ふるだて》駅前の道からガードをくぐり「蜂神社入口、陣ヶ岡史跡入口」の標柱を見て、左に右に折れながらリンゴ園の道を進むと赤い鳥居が見えてくる。陣ヶ岡と呼ばれる一帯である。朱塗りの明神鳥居の右に「蜂神社」の社号を記した木柱と石柱がある。杉並木の参道の奥には次の朱塗りの神明鳥居と社号の石柱が立ち、その先に拝殿と本殿がある。

紫波町教育委員会の「陣ヶ岡陣営跡」の看板によると、「陣ヶ岡」は「前九年の役」に源頼義・義家が陣を敷いた跡で名称はそれに由来する。そこに鎮座する「蜂神社」の名前の由来は何であろうか？　拝殿や境内にいくつもの詳しい看板があるが、神社名に関する記述は見られなかったものの、澤口たまみ著の『虫のつぶやき聞こえたよ』という書物に由来が記されていた。矢巾町の養蜂家水本清太郎さんから教えられ、彼も村の古老から昔語りに聞いたという話である。

蜂神社の入口と杉並木の参道

蜂神社の拝殿

かつて陣ヶ岡辺りに蝦夷《えみし》の子孫であった豪族安倍氏が居を構えていた。南から攻め上った中央軍は蝦夷の軍勢にてこずり、夜陰に乗じて敵陣にハチの群れを投げ込むことで敵の軍を混乱させ勝利を収めることができた。勝利した中央軍はハチのたくさんの死骸をねんごろに葬り「蜂神社」を建立したという。

紫波町観光交流協会のサイトには「前九年の役」での源義家軍と安倍貞任《あべのさだとう》軍のことだと記されている。ここは歴史の波に洗われた土地で、陣ヶ岡愛護会作製の看板「陣ヶ岡史跡要覧」には源頼朝、頼義、義家、安倍比羅夫、安倍頼時、貞任、藤原秀衡などの名前が並ぶ。岡を左手に下ると前九年の源氏戦勝にちなむ「月の輪形」の史蹟がある。

所在地：岩手県紫波郡紫波町宮手陣ヶ岡69

交通：ＪＲ東日本東北本線「古館」駅から徒歩約30分

玉虫神社・玉虫大明神

・山形県山辺町

山形市に隣接する山辺町《やまのべ》は品質日本一とされるサクランボの産地である。玄関口の羽前《うぜん》山辺《やまべ》駅近くの国道458号線を北に進み、途中で左に折れた高楯地区に石造りの祠「玉虫神社」がある。外交の分野で国際的に活躍し、「世界の良心」と呼ばれた山辺町出身の偉人安達峰一郎博士の生家向かいの広場である。

室町時代後期の1400年代にこの地を統治していた武田信安が灌漑のために天然の沼を整備した溜池「玉虫沼」が山辺町郊外の大蕨にある。沼の岬には寛政4年（1792）頃の建立と推定される「玉虫大明神」があり、高楯の「玉虫神社」はそこから分霊された。玉虫沼には、「伝説　玉虫姫物語」の看板とともに、鳥居の奥に生える笠松の根元に「玉虫大明神」が鎮座している。近くの石碑の文字は玉虫大明神にも見えるが、全体の判読は難しい。

玉虫沼の水は、生活用水や農業用水として人々に大きな恩恵を与えた。毎年の祭礼には長い山道をたどらなければならないので明治15年（1882）頃に街なかへの分霊が計画され、「玉虫神社」が建立された。安達峰一郎博士生家の一室にある玉虫大明神のご神体は、5月と8月の祭事に神棚から丁重に持ち出される。

町役場によれば、村人が武田信安を「賜主《たまむし》の神」として敬ったのが「玉虫」へと変わり、沼の名前も「玉虫沼」となった。

この地には「玉虫姫」の昔話がある。都から父を訪ねて来た玉虫という娘が炊くごはんがおいしいと評判になったが、ある日女中がかまどの蓋を開けたところごはんの上に白蛇がいたので、玉虫は蛇の化身ではないかといわれるようになった。いたたまれなくなった玉虫は沼へと姿を消し、それが沼の名前となったという。

街なかの高楯にある玉虫神社と筆者

玉虫沼畔の玉虫大明神と笠松

所在地：山形県東村山郡山辺町大字山辺963－4（玉虫神社）
山形県東村山郡山辺町大字大蕨1862－1付近（玉虫大明神）
交通：JR東日本左沢《あてらざわ》線「羽前山辺」駅から徒歩約15分（玉虫神社）
「羽前山辺」駅から車で約15分(玉虫大明神)

蚕養国神社

・福島県会津若松市

蚕養国《こがいくに》神社は保食大神《うけもちのおおかみ》、稚産霊大神《わくむすびのおおかみ》、天照大御神《あまてらすおおみかみ》を祭神とする神社である。神社は約1200年昔の五十二代嵯峨天皇の弘仁2年（811）に大和朝廷の総力をもって会津の地に鎮座した。全国各地に養蚕守護の神社はあるが「国」の文字が付された神社はここだけだという。

会津若松駅からはバスでもよいが、歩いても10分ほどの距離である。駅を背に広い通りを直進し、蚕養神社前バス停を右に入ると、左手の玉垣の一つ一つに地元の養蚕組合などの名前が刻まれている。

「縣社蠶養國神社」の石柱から中に入ったところの鳥居は参道の途中にあたる。参道の入口からだと「糸かけはし」という名の赤い橋を渡り、先にある「蠶養宮」の扁額の鳥居と朱塗りの二つの鳥居をくぐると拝殿である。赤い鳥居の前には木製の「御由緒」があり、神社の歴史とともに、養蚕守護の神として広く知られていることが記されている。

拝殿の正面の「神威赫赫《かくかく》」の扁額の右手に福島県の製糸会社が昭和49年と51年に奉納した額が掲げられ、繭を並べてつくられた印が中心にある。左側には「皇后陛下御幸俳句奉納」と32句の俳句が並び「大正九年吉日」と書かれているようだが、経年のため全体に読みづらい。神社の説明書に、「大正九年（１９２０）八月十六日大正天皇妃貞明皇后は養蚕奨励の思し召しをもってこの神社に参拝され、翌年十一月二十一日に、宮中紅葉山御養蚕所ご飼育の『小石丸』の繭と生糸を下賜された」とある。神社のお守りには「小石丸」の繭がデザインされている。

夏越大祓・茅の輪くぐりのときの蚕養国神社

神社の石柱と「蚕養町」の地名標識

所在地：福島県会津若松市蚕養町２番１号

交通：ＪＲ東日本磐越西線「会津若松」駅からバスで「蚕養神社前」下車、または徒歩で約10分

蚕影神社

・茨城県つくば市

蚕影《こかげ》神社は、茨城県つくば市神郡《かんごおり》にある神社で、正式表記は「蠶影神社」である。蚕《こ》影山《かげさん》神社と呼ばれることもある。古くは蚕影山桑林寺と呼ばれたそうだ。

ここは「日本養蚕技術伝来の地」とされ、「日本一社蚕影神社」として崇敬されている。社の縁起によると、ここには養蚕と蚕神の起源を説く「金色姫《こんじきひめ》」の物語が伝わる。拝殿に貼られた掲示には、「第13代成務天皇の御代（西暦131～190年）の創建と伝えられる」と書かれているので非常に古い神社であることがわかる。養蚕、製糸の技術伝来の地として関連する仕事に従事する人たちに長く崇敬されてきたところで、神徳として「養蚕守護の神として製糸業。農業、家業繁栄や人々を糸で結び絆を創る和の神として厚く信仰されている」と記している。この神社は全国にある蚕影神社の総本社である。

北条の街から伸びる「つくばみち」を筑波山神社に向けて進んだところの神郡の街から神社の方向を示す看板と「従是蠶影神社」の石柱に従って右に進むと、やがて蚕影神社に達する。社殿までは、自然を生かした石を並べ、いくつかに分かれた急な石段を登らなければならない。歩きやすくはないが、まわりの石碑を見ながら歩むにつれ緊張感が高まってくる。

石製の神明鳥居の先に、これも石でできた明神鳥居があり、その右手には「蚕影山碑」が立っている。3段の石組の上に据えられた石碑の本体は高さ135cm、横幅120cm、厚さ10cmほどの大きさがある。上部に「蚕影山碑」、その下に一面にわたって漢字で神社の由来が記されていて、終わりには文政4年（1821）の文字が見える。

「金色姫伝説」は要約すると次のような物語である。昔北インドにあった「旧仲国」の霖《りん》

蚕影神社の拝殿

桑の葉を中心に配した蠶影神社の手ぬぐい

鳥居の右手にある蚕影山碑

夷《い》大王と光契皇后の娘の金色姫は母親が亡くなったのちに継母からいじめられてさまざまな苦難を経ながら常陸国の筑波郡豊浦湊《とゆら》にうつぼ舟で流れ着いた。やがてその地で命を全うしたのだが、遺骸を収めた唐櫃から出てきたのが蚕であった。蚕が脱皮する前に動きをやめて4度眠《みん》となる状態を、姫が経験した4度の苦難に結びつけている。筑波でこの姫の面倒を見ていた権太夫夫婦が筑波山の仙人などから教えられ糸を紡いだりそれを織って布にしたりする技術を習得したのだが、そのことをもってここを養蚕と機織りのはじまりの地としている。

この神社は養蚕が盛んだった頃には大変なにぎわいを見せていたそうだが、今ではその面影は失われている。参道の左側手前には往時の茶屋、旅籠であった「春喜屋」があり、手ぬぐい、素朴な味の蚕影羊羹などを扱っている。つくば道まで戻り、右折してさらに1時間ほど歩んでいくと筑波山神社である。蚕影神社はこの神社の兼務社となっており、蚕影神社の御朱印の受付はそこで行われている。

所在地：茨城県つくば市神郡1998
交通：つくばエクスプレス（TX）「つくば」駅から「つくバス（北部シャトル）」で「筑波交流センター」（つくば市北条）下車。つくば道を筑波山神社に向かい、神郡を右折して突きあたり。バス停からは徒歩約45分

蚕養神社

・茨城県日立市

つくば市の蚕影《こかげ》神社、日立市の蚕養《こがい》神社、神栖市の蚕霊《さんれい》神社を常陸国の三蚕神社と呼ぶ。国道6号線（陸前浜街道）を北上し、十王川を梁津《やなつ》橋で渡った右側に蚕養神社がある。館山神社に向かい合う場所である。

入口の道路に面した場所に「蠶養神社」の大きな石柱と「蚕養浜道《こかひのはま》」の小さな道標石があり、神明鳥居の手前にあたる。左手の神輿殿の前には社務所による「日本最初蚕養神社」と題した神社の祭神や縁起を記した案内板がある。そこから途中に踊り場のある急な石段を登ると展望が開け、小貝ヶ浜緑地の一角から美しい浜を見下ろせる。横の「伝説金色姫物語」の看板には、金色姫伝説（つくば市の蚕影神社のページを参照）が昔話風に書かれている。そこを折り返すようにもう一登りすると社殿に着く。拝殿には大正8年（1919）に奉納された「蠶養神社」の扁額が掲げられており、梁には桑の葉を思わせる彫刻が施されている。拝殿の奥には本殿がある。

拝殿手前の右側には立派な歌碑があり、詠み人は本居豊穎《もとおりとよかい》（1834〜1913）、「里人がかふこの糸の一すぢにいのらば神もうけひかしやは」と彫られ、横の詞書に「常陸国多賀郡豊浦なる蚕養神社のこかひのはまに神霊ちはひますよしをききて」とある。彼は明治時代に活躍した国学者で、本居宣長の家系に連なり東宮侍講を務めた人である。歌碑の本体は高さ約２４２cm、横幅約１３０cm、奥行き約12cmで、２段に分かれた97cmほどの台の上にあるので、全体の高さは２・４mほどにもなる。蚕に所縁の深いこの地にふさわしい短歌だといえよう。

蚕養神社の拝殿と本居豊頴の歌碑（右側）

拝殿に掲げられた蠶養神社の扁額

所在地：茨城県日立市川尻町２－２３７７－１
交通：ＪＲ東日本常磐線「十王」駅近くの日立電鉄バスの「十王駅前」バス停から「川尻十文字」で下車し徒歩約４分。常磐線「十王」駅からは徒歩約30分

蚕霊神社

・茨城県神栖市

蚕霊《さんれい》神社は神栖市にあって、つくば市の蚕影神社、日立市の蚕養神社を合わせ常陸国の三蚕神社と呼ばれる。入口には「蠶靈神社」の扁額が掲げられた石製の鳥居が立つ。その右手に神社名を記した門柱と平成7年3月の旧神栖町教育委員会と旧神栖町歴史民俗資料館による看板がある。インターネット上の情報には「これい」との読みも散見されるが、この看板によると「さんれい」である。

広葉樹の森を抱えたこの神社は、つくば市の蚕影神社と同じく金色姫《こんじきひめ》伝説と結びつきがあり、看板には豊浦浜《とゆら》（日川《にっかわ》）に金色姫が漂着したことが記されている。鳥居をくぐると向かい合った一対の狛犬の奥に拝殿があり、「奉納蠶靈神社」の文字と寄進者と思われる人たちの名前の額が掲げられている。奥に続く本殿では、極彩色の動物の彫刻が目を惹くが、養蚕に結びつくものはなさそうである。

この神社から200mほど離れた場所に星福寺がある。ここは蚕霊神社と関係が深いところのようだ。山門右手の「真言宗智山派蚕霊山千手院星福寺」と書かれた門柱が目を惹く。左手に立つ由緒によると、奥之院の本尊は蚕霊尊（馬鳴《めみょう》菩薩の化身）、養蚕守護の尊霊にして養蚕業者がことごとく帰依願望したとあり、金色姫の伝説がここにも記されている。室町時代から江戸時代には養蚕の祈願とともに京都醍醐寺から大日如来を勧請して真言密教の道場となったことで隆盛が見られたとある。

この辺りは鉄道の駅から離れ、バスの便も限られているので、できれば車で移動したい。息栖《いきす》神社や香取神宮などの古社へも参拝すると心が洗われたようになる。

所在地：茨城県神栖市日川７２０（蚕霊神社）、日川９００（星福寺）

交通：ＪＲ東日本成田線「小見川」駅から徒歩約1時間30分

蚕霊神社の拝殿と本殿

拝殿に掲げられた扁額

蚕影神社

・埼玉県入間市

入間市にはかつて日本有数の製糸会社「石川島製糸」があり、入間市のみならず埼玉県内、県外にも工場を擁し、全国に事業展開していた。その入間市に蚕影《こかげ》神社がある。

蚕影神社は天照皇大神《あまてらすすめおおかみ》、別雷神《わけいかずちのかみ》、火産霊神《ほむすびのかみ》、新田義興《にったよしおき》を祭神とする愛宕神社の境内社の一つである。入間市駅から県道226号線（入間市停車場線）で豊岡交差点を過ぎて左手にある石造りの神明鳥居をくぐると、二つ目の神明鳥居が見える。数段の石段を登って左側の少し開けた場所に蚕影神社が鎮座している。

横にある「蚕影神社御由緒」の高札に来歴が詳しく記されている。それによると祭神は豊受大神の親神で、養蚕・穀物を司る稚産霊神《わかむすびのかみ》である。文政2年（1819）に常陸国筑波郡（現、つくば市）の蚕影神社から分霊を勧請してお祀りした。蚕影神社の社殿は、経年の老朽化に伴い、昭和6年（1931）明治神宮造営の際に下賜された残材を使用して豊岡小学校に造営ののちに終戦に伴って愛宕神社境内に移転していた奉安殿の建物を昭和

29年（1954）さらに蚕影神社の社殿として移築したものである。地元はもとより近郷の養蚕農家からも崇敬の念が篤かったことは、愛宕神社拝殿の中に奉納された繭が掲げられていることからもわかる。

愛宕神社は南北朝時代の南朝の忠臣新田義興を合祀しているが、境内には彼の首級が埋められた場所の「首級の松」や義興の従者13人の首を埋めたことに伴う「十三塚」などの史蹟、さらに入口の鳥居の横に芭蕉の「ひらひらと　あぐる扇や　雲の峰」の句碑がある。

所在地：埼玉県入間市豊岡3－7－32

交通：西武鉄道池袋線「入間市」駅南口から徒歩約10分

愛宕神社の境内社「蚕影神社」

愛宕神社入口の芭蕉の句碑と奥に見える「蚕影神社」

松虫寺・松虫姫神社

・千葉県印西市

松虫寺という美しい名前の寺が印西市にある。北総線の印旛日本医大駅の駅名標には松虫姫の名前が副駅名として併記されている。メルヘンチックな駅舎を出て北口から右手の整った住宅街を抜けると緑豊かな場所に出る。そこに松虫寺があるが、看板がところどころにあるので迷うことはない。

松虫寺は奈良時代の天平17年（745）に僧行基の開創と伝えられる古刹である。寺の名前は昆虫のマツムシではなく、聖武天皇の第三皇女松虫姫の物語に基づいている。

重い業病にかかって悪化する一方であった松虫姫は、下総に効験あらたかな薬師如来があるとの夢のお告げでその地に向かうことになった。数名の従者や乳母とともに困難を極めながら下総の地にたどり着いた姫は、薬師仏に何年も祈り続けその一念で病気が快癒するに至った。この間、乳母や従者たちは都で習い覚えた機織りや裁縫、養蚕などを村人に伝えている。都に戻ることになった姫はそれまでの村人たちの親切に報いようと都の技術

薬師堂の奥にある松虫姫神社

松虫姫の副駅名が記されている印旛日本医大駅の駅名標

を広めるため乳母の杉自をこの地に残した。その後天皇は行基に命じて七薬師仏を刻んで寺を建立し、姫の名前を取って松虫寺とした。

寺の入口には寺号を記した石柱と「松虫寺の概要」の石碑がある。仁王門の先には薬師堂が建つが、いずれも享保3年（1718）の改築である。薬師堂裏の「松虫姫御廟」は姫の遺言に従って分骨埋葬されたものだという。

また、薬師堂の左手奥の境内には平成12年（2000）建立の「松虫姫神社」がある。

寺の左側を下ると薄暗い林の中の道に松虫姫の乳母杉自の塚がひっそりとある。

所在地：千葉県印西市松虫7

交通：北総鉄道北総線「印旛日本医大（松虫姫）」駅から徒歩約15分

蚕影神社

・東京都立川市

立川市の蚕影《こかげ》神社は阿豆佐味天《あずさみてん》神社の境内社である。阿豆佐味天神社は西多摩郡瑞穂町にある同名の神社から寛永6年（1629）勧請された。五日市街道に面した鳥居をくぐると、正面が文久2年（1862）に竣工した豪壮な総欅《けやき》造りの拝殿である。その奥の本殿は元文3年（1738）頃に建築された建物で、立川市有形文化財に指定されている。拝殿を右手に折れると、蚕影神社と水天宮の二つの社が並んでいる。蚕影神社の祭神は金色姫命で安政7年（1860）筑波山の山麓にある蚕影神社から勧請された。

中央の扁額には「蚕影神社」とあるが、右手には八雲神社、御嶽神社、疱瘡社、稲荷社、左手には天神社、浅間神社、八坂大神社、金刀比羅社の名が列記され、多くの神々が祀られている。

蚕影神社の向かいには昭和63年（1988）に立川市教育委員会が建てた「市指定史跡蚕影神社跡」の看板がある。そこには養蚕の守り神として現つくばの地から勧請されたこと、ここの砂川地区では江戸時代の中頃から養蚕が行われ、幕末の安政5年（1858）

に外国と貿易が始まると養蚕業は著しく発展し村の主産業になったこと、明治から昭和にかけて最盛期を迎え人々の生活を支えたことなどが記されている。社務所でうかがうと現在の蚕影神社の建物ができる前には、小さな祠だったそうだ。

猫は蚕を食べるネズミを捕えることから各地で蚕の守り神とされている。この蚕影神社はそこから転じ、愛猫の無事を祈るために「猫返し神社」としてお参りに来る人が絶えないそうだ。神社の前にはそれを願う人たちの絵馬がたくさんかけられ、猫の石像もつくられている。

阿豆佐味天神社の境内社である蚕影神社

蚕影神社（猫返し神社）前の猫の石像

所在地：東京都立川市砂川町4－1－1
交通：JR東日本中央本線「立川」駅北口から立川バス三ツ藤・箱根ヶ崎駅行きで約12分「砂川四番」で下車すぐ

蚕影山神社

・神奈川県相模原市

相模原市はかつて県内でも有数の大養蚕地帯で、住宅が見えなくなるほど桑畑が広がっていた。蚕影山《こかげさん》神社近くにある「相模田名民家資料館」のパンフレットには、水田が少なかった相模原地方では農家が養蚕に力を入れ、中でも田名は農家の90％が養蚕に携わり、製糸事業も盛んだったことが記されている。

金色姫伝説が伝わるここの蚕影山神社は、つくば市神郡の筑波神社から勧請されたものと思われる。社殿横に物語を詳しく記した田名堀之内自治会作製の看板がある。神社では、養蚕農家が姿を消した現在でも毎年4月と10月の2回例祭が開かれ、4月18日に近い日曜日の例祭では本尊の金色姫の木像が開帳となる。

例祭には自治会を中心に地域の住民たちが集まり、子供たちも加わって親睦の色合いを帯びているが、祭礼などの行事が引き継がれているのは意義深い。

同じ日に、近くの自治会館でご婦人たちによる「念仏講」が行われる。許可を得て男子禁制のこの講を見学すると、10名弱のご婦人が「蚕影山わさん」と書かれた冊子を見ながら鈴を振り、小さな鉦を叩いて独特の抑揚で念仏を唱えている。集中して聴くと、金色姫伝説のストーリーをたどった内容であることがわかる。「わさん」とは「和讃」であろう。養蚕が盛んだった頃の歴史が、次の世代へと引き継がれていることに感銘を覚える。

「相模田名民家資料館」は養蚕農家の建物を移築再現した施設で、2階では養蚕にかかわるさまざまな資料が公開されており、1階は生涯学習の場として時期になるとひなまつりや端午の節句まつりで多数の人形が部屋を埋める。

所在地：神奈川県相模原市中央区田名堀之内328（蚕影山神社）

神奈川県相模原市中央区田名4856−2（相模田名民家資料館）

交通：JR東日本横浜線「淵野辺」駅、「相模原」駅、相模線「上溝」駅、横浜線・相模線・京王電鉄相模原線「橋本」駅から神奈中バスで「田名バスターミナル」下車、そこから徒歩約5分

御開帳の日の蚕影山神社

近くの自治会館でご婦人方によって行われる念仏講

蚕影神社

・神奈川県厚木市

厚木市はかつて養蚕が盛んな土地であった。宮本常一の「開拓の歴史」には次のようなことが記されている。

「幕末のころ相州厚木の宿というのは家が18軒のさびしい在所で、江戸から相模大山に参る者がここで休憩したり、宿泊する程度であったが、明治にはいると山梨地方の絹商人が横浜に出ていったり、八王子あたりの繭商人が繭を買いにくるようになり宿場はにわかにふくれあがって、雑木林が見る見るうちに伐りたおされて桑が植えられ、どこの家でも蚕を飼うようになった（一部略・改変）」

その名残を思わせるのが蚕影《こかげ》神社（豊受神社）である。

中荻野馬場《ばんば》集落の人たちが祀った社で、かつて近くの鳶尾山《とびおさん》中腹にあったが、団地造成のために鳶尾団地の一隅に祀られ、その後2004年現在の場所に遷座した。ご神体は金色姫と思われる女神の像だったので、つくば市神郡《かんごおり》の蚕影神社から勧請された神社だと推察される。このご神体は近年になってなぜか失われ、現在は鋳成の金色姫像が置かれている。この像は茨城県のある神社が社を閉じるに際して、ここの蚕影神社で預かったもので、18・5㎝ほどの大きさがある。

社内に残る蚕影神社の木札には「蚕安全穢悪退散　夜守日守幸賜、豊受姫大神一字諸願祈所」と記され、裏には江戸時代の人と思われる八郎右衛門の名が発議人として記されている。この地では上記の明治時代よりも早く養蚕が行われていたことをうかがわせる。

神社は交通量の多い国道412号線から一本入った静かな道路に面しており、よく整備されている。すぐ近くの辻には繭玉を思わせる石がさりげなく置かれている。

厚木市の蚕影神社（豊受神社）の社殿

神社で保存する金色姫（蚕影神）像

所在地：神奈川県厚木市中荻野65－3
交通：小田急電鉄小田原線「本厚木」駅から神奈中バス「半原」「上荻野車庫」「上荻野車庫」「鳶尾団地」行きなどで「鳶尾山前」下車、そこから徒歩約5分

蚕影神社

・神奈川県海老名市

海老名市の蚕《こ》影《かげ》神社は弥生神社の境内社である。海老名駅東口を出て小田急線・相模鉄道の線路沿いに進み、並木橋の先で相模鉄道の踏切を渡る。しばらく先の右手に弥生神社の石の神明鳥居が現れる。「村社　彌生神社」の石柱を右に見て桜並木を進むと、石段の先に2番目の鳥居が待っている。こちらは明神形の鳥居で、「彌生神社」の扁額が掲げられている。急な石段の先が弥生神社の社殿である。

蚕影神社は弥生神社の拝殿を左に回ったところにあり、木製で素朴な「蠶影神社」の扁額が掲げられている。小振りな社殿ながら参道があり、「子授安産　蚕影神社」の赤い幟が両側に並ぶ。社の左側の昭和53年（１９７８）4月吉日と記された石碑には、「天地蔭陽の御祭神の加護により良縁が結ばれ子宝に恵まれて子孫繁栄の基になることは古来よりの伝説によって実証されている」という意味の文が刻まれている。

社務所でうかがっても蚕影神社の由来はよくわからないようだ。海老名はかつて養蚕が

赤い幟が立つ蚕影神社と弥生神社の本殿（右）

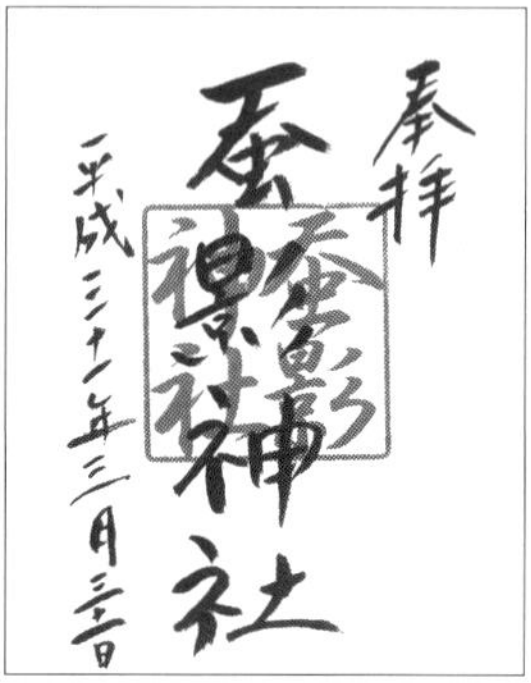

蚕影神社の御朱印

盛んだった土地である。神奈川県など関東各地には筑波山麓にある蚕影神社から勧請された神社が存在しているので、この蚕影神社もその流れを汲むもの考えられる。

由緒によると弥生神社は、四つの村にそれぞれ鎮座していた国分の八幡社、上今泉の比良神社、柏ケ谷の第六天社、望地の大綱神社を明治42年3月に合祀して創建され、祭神は誉《ほむ》田《た》別命《わけのみこと》、猿《さる》田《た》彦命《ひこのみこと》、高産霊命《たかむすびのみこと》、日本武男命《やまとたけるのみこと》である。

社殿の右手にある昭和8年（1933）建立の「彌栄之碑」には、神社の歴史や関東大震災で神社が受けた被害のことなどが刻まれている。

所在地：神奈川県海老名市国分北2－13－13
交通：小田急電鉄小田原線、相鉄線、JR東日本相模線「海老名」駅から徒歩約20分

蚕神社

・神奈川県座間市

蠶《かいこ》神社は座間神社の境内社の一つである。相武台下駅から相武台下入口の信号で県道46号線を渡ると座間神社の石の鳥居が待つ。その先の住宅の間を通り抜けると鳥居と境内に導く石段があり、鳥居の右手の石碑には祭神が日本武尊であることと由緒が彫られている。急な石段を登ると社殿で、左側にはいくつもの境内社や芭蕉の句碑が並んでいる。神社の説明書によるとこれらの境内社は「寄宮《よせみや》」と称される。

蠶神社はこれらの境内社とは離れた場所にある。社殿の右側を通って在日米陸軍キャンプ座間との間の細い道に位置している。伊奴寝子《いぬねこ》社の文字の横に小さく蚕神社と書かれた看板と、鳥居の奥に二つの祠がある。祭神は保食神《うけもちのかみ》で、赤い文字の蠶神社は少し奥の右側の石製の祠である。本体の高さは80㎝、横幅は50㎝弱の大きさで、裏面に「上宿・中北養蠶組合」と刻まれている。

この蚕神社も筑波山麓の蚕影神社から勧請されたものと推察される。近くにある説明の看板には次のようなことが記されている。

「かつて畜産や養蚕が盛んなころ、家畜などを疫病から守る蚕神社（伊奴寝子社）が祀られていた。古くからこの神社にお参りすると願いが叶えられるという篤い信仰が伝えられていたが、時代が変遷して愛する我が子同様に犬や猫と生活を共にし、我が子以上に愛情を注ぐ人が出てきた。大切なペットの幸せや健康を願い、怪我をしたり事故などに遭ったりしないためすべての生き物たちをお守りする。この犬猫の像を手のひらでなでると願いが叶えられる」。養蚕の衰退に伴ってこのような目的に変化したのだろう。

保食神を祭神とする蚕神社

犬猫の石像の奥にある伊奴寝子社と奥の蚕神社の祠

所在地：神奈川県座間市座間１－３４３７
交通：ＪＲ東日本相模線「相武台下」駅から徒歩約５分、小田急電鉄小田原線「相武台前」駅から徒歩約25分、または神奈中バスで「座間」下車、徒歩約２分

虫歌観音

・長野市

真言宗の虫歌山桑台院《むしうたやまそうだいいん》（通称虫歌観音）は長野市松代《まつしろ》の古寺で、信濃三十三観音の第七番札所にあたる。長野駅発のバスの終点「松代高校」から県道35号（長野真田線）をしばらく進み、右手に現れる第七番札所の古い石柱を右に折れた先の小山の中腹に虫歌観音がある。

懸崖造りの虫歌観音観音堂

100段ほどの石段の中ほどが正徳4年（1714）建立の仁王門「大悲門」で、左右には朱塗りの仁王が構えている。さらに石段の先にあるのが、天保6年（1835）再建で、懸崖造りの本堂「観音堂」である。扁額に金色の文字で大きく「蟲歌山」とあり、吹き抜けの舞台からの見晴らしがよい。本堂の左手には「虫歌観音」と刻まれた灯籠、右手にはこの世の生きとし生けるものすべてに回向した万霊塔がある。

ここは養蚕が盛んだった土地で「虫歌のお観音さん」として養蚕農家の信仰を集めた。観音堂の右側には松代地区市政百周年記念事業実行委員会が設置した「松代の民話　虫歌の観音さま―養蚕守護の観音堂―」の看板がある。この寺のいわれを記したもので次のような内容である。

虫歌観音の由来を記した「松代の民話」の看板

「松代の町はずれ平林村で、養蚕を仕事にしていた若者がいた。ある日別所や布引の観音様にお参りしたあと地蔵峠にさしかかると眼下の平林村から悲鳴にも似たうめき声が聞こえてきた。それは庭先に干してある繭の中の蛹からの苦しみの声であった。若者は自分たちの生計を潤おしてくれる蚕の蛹の霊を慰めようと近くの山腹に観音様を安置した。のちに虫歌観音と呼ばれ、養蚕家の人たちがこぞって訪れて養蚕守護の観音堂として栄えた」

「蛹のあげる悲鳴のような声」とはどのような声だったのだろうか。

所在地：長野市松代豊栄《とよさか》宮崎6531－1
交通：JR東日本長野新幹線「長野」駅からアルピコ交通バス松代高校行きの終点で下車、そこから徒歩約10分

左右に仁王像がある仁王門（大悲門）

観音堂に掲げられている「蟲歌山」の扁額

県道35号線から虫歌観音へと進む道

蚕ノ社

・京都市

蚕ノ社《かいこのやしろ》は木島坐天照《このしまにますあまてる》御魂《みたま》神社（木島神社）の別称として知られる。嵐電蚕ノ社駅近くにある石の明神鳥居の扁額には「蠶養神社」と書かれ、一対の灯籠にも同様の文字がある。そこから商店や住宅街を5分ほど進むと太子道に面した神社に着く。入口に木の神明鳥居が立ち、右手に「木嶋座天照御魂神社」と「蠶神社」の石柱がある。鳥居左右の石灯籠には「蠶養社」と彫られている。

鳥居をくぐると右手の社務所前の手水鉢《てみずばち》に「かいこのやしろ」と彫られている。宮司に訊くと境内の別の場所から移されたものである。石畳の参道の先に拝殿、その奥に本殿があって右横に鎮座するのが養蚕神社である。

神社の由緒書や看板には神社のあらましとして、この太秦・嵯峨野一帯は古墳時代に朝鮮半島から渡来し、製陶・養蚕・機織等にすぐれた技術を持っていた秦氏の勢力範囲で当神社本殿右側には蚕を祀る養蚕神社（蚕養神社）があり「蚕ノ社」もそれにちなんだ社名であると書かれている。さらに蚕養神社の解説として、雄略天皇の御代（1500年前）

蚕ノ社の本殿

社務所前にある「かいこのやしろ」の手水鉢

秦酒公《はたのさけきみ》呉国（今の中国南部）より、漢織《あやはとり》・呉織《くれはとり》を召し、秦氏の諸養と共に数多くの絹、綾を織り出し「禹豆麻佐《うずまさ》」の姓を賜る。この地を太秦と称し、推古天皇の御代に至り、その報恩と繁栄を祈るため、養蚕、織物、染色の祖神を勧請したのが、この社である。養蚕、織物、染色の守護神である、と書かれている。

参道の左側には珍しい三本足の三柱鳥居がある。一説では景教（約1300年前に伝わったキリスト教の一派ネストル教）の遺物ではないかとされる。

所在地：京都市右京区太秦森ヶ東町50－1
交通：京福電鉄嵐山本線（通称嵐電）の「蚕ノ社」駅から徒歩約5分

蟻通神社

・大阪府泉佐野市

長滝駅を左に進み、府道２４８号線を右折して直進すると赤い鳥居の蟻通《ありとおし》神社に着く。鳥居の手前には神社名の石柱と「謡曲『蟻通』と蟻通神社」と題された木製の看板が並ぶ。石灯籠が両側に続く参道は能舞台の舞殿とその奥の拝殿へと続くが、神社入口の鳥居の右奥の木立に「冠の渕」という池がある。

「紀貫之大人冠之渕」と刻まれた石柱と「つらゆき」「かきくもりあやめもしらぬおほぞらにありとほしをはおもふべしやわ」（かきくもりあやめも知らぬ大空にありとほしをば思うべしやは）と刻まれた自然石の歌碑が並び、裏面には歌碑建立の趣意が記されている。これとは別に「紀貫之冠之渕の由来」と題された横長の石碑もある。

また、拝殿左側の由緒と記した大きな石碑にも神社の歴史が刻まれている。これらを読み解くと次のようなことがわかる。

神社の祭神は大国主命である。紀貫之が下馬せずに神社の前を通り過ぎようとして天気が急変し、冠が吹き飛ばされ、馬も倒れた。里人から「ありとほし神」の祟りだといわれて「ありとほし」を織り込んだ和歌を奉ったところ、天気が晴れ馬も回復したので貫之が「冠の渕」と名づけた。のちに世阿弥が謡曲「蟻通」にしている。「蟻通」の名の由来は枕草子に見える「蟻の管玉説」が有力だが、神社が熊野街道に近く、熊野詣での人たちが蟻の行列のように見えたことによるとする説もある。「蟻の管玉説」とは七曲の法螺貝に糸を通せとの難問を父の教えで解決した知恵と親孝行の物語である。神社は別の場所にあったが、そこが第二次世界大戦で陸軍飛行学校となるので昭和16年（1941）にこの地への移転を余儀なくされた。

赤い鳥居の蟻通神社入口（撮影：渡瀬学氏）

舞殿とその奥の拝殿（撮影：渡瀬学氏）

所在地：大阪府泉佐野市長滝814
交通：JR西日本阪和線「長滝」駅から徒歩約10分

蟻通神社

・和歌山県田辺市

紀伊田辺駅から駅前通りを進み、湊交差点の五差路で右折する湊本通りの左側に1000年以上の歴史がある蟻通《ありとおし》神社が鎮座する。駅から歩いて5分ほどの商店や住宅のある一角で、近づくまでそれと気づきにくい。

右横に「蟻通神社」の石柱がある石の鳥居に続いて「蟻通宮」の扁額がかかる立派な門をくぐると樟《くす》の大木である。この樟は安政元年の大地震の折に発生した炎が風にあおられて湊地区の民家に燃え移らんとしたとき、白水を吹きだして類焼を防いだ霊樟《れいしょう》とされる。樟の太い幹の横にある看板には「蟻通しの由来」が記されている。

むかし紀州田辺を外国の使者が訪れ、持ってきた法螺貝に一本の糸を通すことができなければ日本を属国にすると迫った。神々は大変困ったが、一人の若い神が貝の口から蜜を貝尻の穴から出るまで流し込み、糸を結びつけた蟻にそこをくぐらせることによって、糸を通すことができた。これを見た外国の使者は、「日の本の国はやはり神国である」と知恵に感服して逃げ帰った。

このことで日本の神々は「わが国にこれほどの賢い神があるのを知らなかった」とほめたたえ、この若い神は「蟻通しの神」と呼ばれるようになった。この神社が日本一知恵の神の「蟻通し神社」である。手水舎にも神社の由来が簡単に刻まれた石板が置かれている。この神社の拝殿は奥に回って参拝できるところに位置している。

田辺は弁慶の生誕の地と伝えられる。駅前通りを挟んで反対側にある闘雞神社や駅前広場で立派な像を見ることができる。

所在地：和歌山県田辺市湊１１４３番地
交通：ＪＲ西日本紀勢本線「紀伊田辺」駅から徒歩約５分

蟻通神社の入口と大樟

説明看板に描かれた蟻通しの絵

蜂穴神社

・香川県高松市

高松市宮脇町の石清尾《いわせを》八幡宮は平安時代の延喜18年（９１８）に源をさかのぼることができる歴史ある神社である。境内には神明神社、若宮神社など六つの末社があるが、それとは離れた場所に道明神社、蜂穴《はちあな》神社、髪授神祠の三つの境外社がある。

蜂穴神社は石清尾八幡宮の拝殿の前を右手に進んだ場所だが、住宅街からの参道を進むのがよい。入口近くに髪授神祠と蜂穴神社の案内板が並んでいて、木製の「蜂穴神社」のそれは字が消えかけているが、次のように書かれているようである。

「蜂穴神社　祭神大山祇命　由緒詳ならず。傳ふる所によれば貞治元年細川頼之伊豫の河野氏と戦ひし時神夢あり、戦勝凱旋の後石清尾山嶺に伊豫三島明神を勧請して奉齋せりと云ふ。其の後社殿火災に罹り明治四十三年改築せり」

注連石《しめいし》と思われる石柱の間を通って「蜂穴神社」の扁額がある鳥居をくぐると階段の奥に拝殿がある。ここにも木製の「蜂穴神社」の扁額が掲げられている。

神社の名前の由来については、地元の文化財学習会の「ふるさと探訪」で知ることができた。一説によると上に記した貞治元年（１３６２）細川頼之が伊予の河野氏との戦いのおりに祠の穴から数百ものハチが飛び出し敵の兵を襲ったとある。

拝殿の左側には髪授神祠の祠と「毛魂之碑」と彫られた毛髪の霊を供養する石碑が並ぶ。髪授神祠は昭和31年（１９５６）４月に建てられた日本唯一の神社で、乳児の初毛を供え祈願すると、その子は一生美髪に恵まれ、若禿、白髪の防止、体毛の発育にも霊験あらたかだそうだ。

所在地：香川県高松市西宝町２－３
交通：ＪＲ四国高徳線「昭和町」駅から徒歩約10分、「栗林公園北口」駅から徒歩約15分

蜂穴神社へと進む参道

蜂穴神社の拝殿

玉虫大明神社

・福岡県筑前町

玉虫大明神社は福岡県朝倉郡の神社である。ＪＲ筑前山家駅から線路を越えて、田んぼの中の道を歩くと左手に見えてくる木立の中にある。途中の道から目立つ大きな建物はＪＡ筑前あさくらのカントリーエレベーターである。神社の石の鳥居には「玉虫宮」の扁額が掲げられ、その奥に社殿がある。

境内の説明看板によると、この神社は源平合戦の屋島の戦いで扇の的を射た那須与一と、扇を掲げた平家方の玉虫御前の夫婦を祭神とするが、それが正しくないとする見解もあるという。昆虫のタマムシと神社の名前には直接のつながりはないことになる。

熊本県にも玉虫御前ゆかりの場所がいくつかあるようだ。

所在地：福岡県朝倉郡筑前町曽根田字玉虫１７５０番地
交通：ＪＲ九州筑豊本線「筑前山家」駅から徒歩約１時間、車で約10分

木立の中の玉虫大明神社
（撮影：口木文孝氏）

付　章

虫塚・社寺余聞

～取材メモから～

埼玉県深谷市にある蜜蜂感謝碑（碑文は前面にある）

源氏と平家

虫塚や虫の名前の寺社を巡っていると、思わぬところでつながったりするのだが、その中に源氏や平家に関係するものがある。北から順に並べてみよう。

岩手の蜂神社：源義家軍と安倍貞任《あべのさだとう》軍の「前九年の役」（1051～1062）で義家軍はハチの巣を投げ込んで敵にダメージを与えたとされ、それが神社の名前の由来になっているそうだ。神社の案内板には源頼朝、頼義、義家の名前も並ぶ（240頁）。

茨城の蜹橋《ぶゆばし》碑：源義家が奥州の安倍頼時・貞任を攻めるためこの橋まで進軍したところ（1046～1053年の永承年間）、ブユの大群に襲われて行く手をはばまれ、再挙をはかるためやむなく真弓山まで軍を戻したとされる。蜂神社でのハチの巣を使った奇襲と同じ頃に、自分たちはブユのために悩まされたことになるのはおもしろい（43頁）。

石川の芭蕉句碑：寿永2年（1183）源義仲軍と平家方の「篠原の戦い」で討ち取られた平家方の斎藤実盛を芭蕉がキリギリスに詠んだ。虫送りを「サネモリ送り」と呼ぶことの由来ともいわれている（95、211頁）。

京都の蛍塚：蛍ヶ渕辺りを中心に蛍が幻想的な光の渦を描きだし、とりわけ旧暦５月26日の夜は、平家打倒の夢もむなしく治承４年（１１８０）のこの日、平等院の境内で無念の最期を遂げた源三位入道頼政と同志の武者たちの亡魂が、蛍と化して挑み合うと伝えられる。宇治の蛍合戦と呼ばれ、源氏蛍の名のゆえんもここにあるという（１２９頁）。

福岡の玉虫大明神社：屋島の戦いの元暦２年／文治元年（１１８５）での源氏方の那須与一と扇の的を掲げた平家方の女官玉虫御前にちなんだ神社で、この二人が夫婦になったとする（２７８頁）。

このようにたどってみると、遠い昔の話が目の前に現れるようである。

岩手県紫波町の蜂神社

茨城県常陸太田市の蚋橋碑

京都府宇治市の蛍塚

虫塚に埋められたもの

虫塚の建立時に何かが埋められることがある。室町時代建立とされる東京都八王子市の廣園寺の虫塚には、農耕地に大発生した害虫を埋めたことが推測できる。北海道各地のバッタ塚は明治時代に大発生して農作物に被害を与えたトノサマバッタを埋めた跡である。大分市の丹生《にゅう》（「にう」とも読む）神社の一石一字塔には、農業害虫の供養に醍醐経の一文字ずつを書いた小石がたくさん埋められた。宮司の杉﨑光孝氏によると疫病を封じた一石一字塔では、修復時に「仏」「敬」などと記された小石が地中から大量に出た。東京・上野の寛永寺の虫塚を建てるときには、伊勢藩主増山雪斎の昆虫図譜の対象とした昆虫標本が関係者によって埋められた。標本保存の技術が確立されていなかった時代には絵で記録に残した。

ほかのいくつかの例も列記しよう。

虫塚（函館市博物館）：古くなった標本、昆虫の脚や翅

せみ塚（山形市立石寺）：芭蕉の俳句「閑さや岩に沁み入蟬の声」の短冊

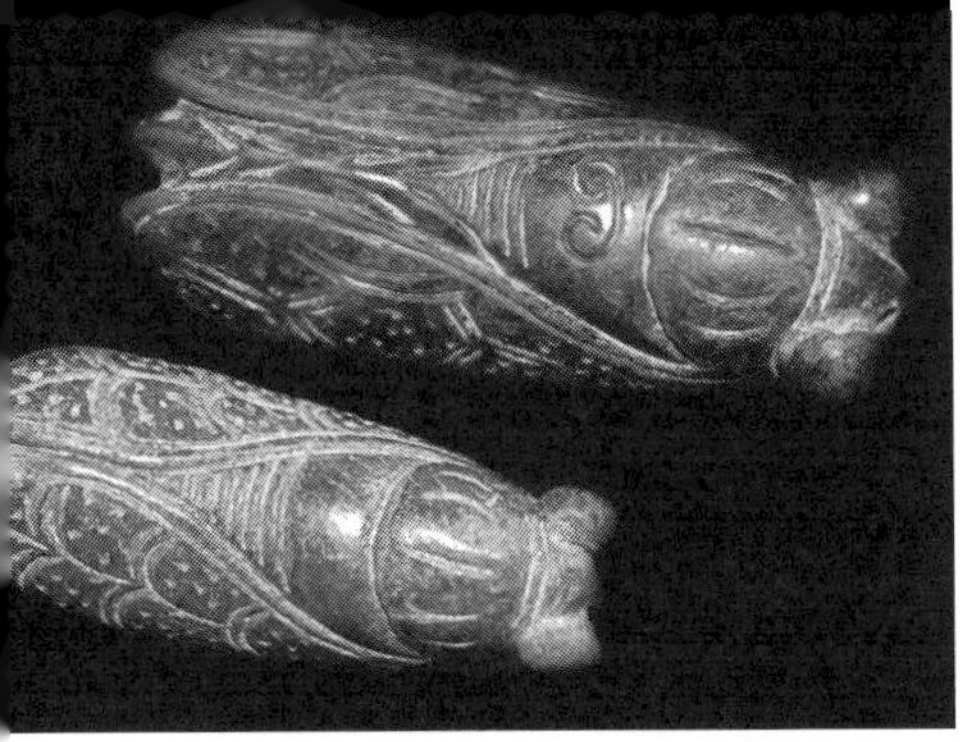

茨木高校の虫塚に埋められた玉蟬
（撮影：藤本重廣氏）

蚜虫《かちゅう》之碑（宇都宮大学）：アブラムシ（蚜虫）のプレパラート（注1）
虫慰霊之碑（埼玉県立自然の博物館）：昆虫、爬虫類、鳥、植物の標本
蟬塚（東京都練馬区広徳寺）：境内や近隣の路上などの蟬の死骸
蝗塚（富山県南砺市上野神明神社）：ウンカの死骸
むしづか（福井県農業試験場）：稲の害虫ウンカ・ヨコバイ・カメムシ、蚕の死骸
蟲塚（山梨県北杜市オオムラサキセンター）：オオムラサキなど昆虫の死骸
反古塚（たまむし塚）（三重県津市谷川神社）：著作物の下書きやメモ
虫塚（大阪府立茨木高校）：玉蟬（注2）

〈注〉
（1）光学顕微鏡での観察のため、スライドグラスとカバーグラスの間に適当な液体を媒液とし観察材料を封じ込んだもの。
（2）玉でつくられた蟬の形の工芸品、中国では身分の高い人が亡くなると、手に握らせたり、口に含ませたりして永遠の命を願った。

場所を変えた虫塚、姿を消した虫塚たち

年代を経た虫塚が、初めからその場所に今の姿であったとは限らない。いくつかの例を挙げる。大分市の丹生神社の「一石一字塔」は、神社から少し離れた神社の御旅所があった丹生庄原仮屋ケ鼻経塚に１７１９年に建てられた。その土地が太平洋戦争で国に接収されたのに伴い、１９４１年に現在の場所に移転している。

栃木県農業試験場の「虫魂碑」は、本館の新築に伴って向かいの駐車場近くに移転した。宇都宮大学農学部の「蚜虫供養塔」や神奈川県平塚市ＪＡ全農（全国農業協同組合連合会）営農・技術センターの「虫菌草の供養塔」、長野県の信州大学上田キャンパスの「蚕霊供養塔」なども建物の新築などに伴い、移動した。前著『虫塚紀行』で取り上げた千葉県我孫子市の「蚕霊塔」は敷地が介護施設になったことに伴い、近くに場所を移した。

かつて栃木県宇都宮市にあった民間の昆虫館は地域開発などの事情で閉館のやむなきに至った。その昆虫館前の大きな昆虫供養塔は姿を消しても不思議ではなかったが、当時運営に携わった一人、白石雄治氏の熱い思いで隣接する河内郡上三川町に移され、今も堂々

とした姿を見せている。

石川県小松市の埴田《はねだ》町にある石棒形の有名な虫塚は、森川千春氏によると、かつては竹林が近く風情のある趣だったのに、やがて竹林が姿を消し、さらに文化財保護のためか立派な屋根が最近つくられている。移設される虫塚はまだ幸せである。東京都町田市の向ヶ丘遊園の「ありんこ供養塔」は閉園のため見ることができなくなった。また、ある昆虫館の前にあった虫塚は工事のときに姿を消した。

このように人間の墓と同じく、虫塚にも引っ越しを余儀なくされたり、姿を消したり、周囲の環境が変わるなどいろいろな出来事が起きているのである。

近くに竹林があった頃（2001年9月）の虫塚（撮影：森川千春氏）

上屋ができた現在（2019年4月）の虫塚（撮影：森川千春氏）

虫塚の前での祭礼

虫塚建立の除幕式で、僧侶が読経したり、神主が祝詞をあげたりすることがある。その後も祭礼が継続するかどうかは事情によって異なっている。

建立に際して組織が関係した虫塚では、祭礼が継続して行われるようである。石川県農業試験場の「蟲塚」、福井県農業試験場の「むしづか」、高野山にある「しろあり供養塔」、岩手、福島、埼玉、千葉、神奈川、香川などの養蜂協会・組合が建てた蜜蜂の感謝碑・供養碑などがそれにあたる。

一方で、建立が「有志」など特定の人たちの熱意による場合、いつの間にか催事が途絶えることがある。神主の資格を持った有志や、中心をなした方の退職などで熱い思いが途切れてしまうのだ。このような事態はもったいないが、致し方ないことかもしれない。一方で、供養祭を中止した後に従業員の事故が続いたので、行事を復活したという事例も耳にした。

催事にはどのような日が選ばれるのか。昆虫全般では「虫の日」と称される6月4日、蜜蜂に関しては「蜜蜂の日」の3月8日、「蜂蜜の日」の8月3日が選ばれ、参加者の利便性から少し日を動かすことも珍しくない。業務への影響を避けるため、ひと月早める香川県養蜂組合、シロアリの日（4月6日）ではなく仕事が山を越えた9月に行う日本しろあり対策協会の例では変動の幅が大きい。その時に合わせて勉強会を開いたり、行政的な手続きが行われたり、関係者で懇親を深めたりするなど工夫が凝らされる。

祭礼の実施もそうだが、多くの人の思いがこもった虫塚の存在自体が忘れられないようにあってほしいものだ。虫塚に触れたり手を合わせたりすることで、建てた人たちの思いに少しでも近づけるのではないかと思う。

蚕霊塔（神奈川県相模原市）に手を合わせる筆者

石川県農業試験場の蟲塚の前で毎年行われる「虫供養」（撮影：森川千春氏）

昆虫供養塔（栃木県上三川町）に手を合わせる筆者

言葉遊びと石碑

同じように見えても、虫塚には個性がある。形や大きさ、石材の種類、刻まれている文字などがさまざまで、中には昆虫の絵が彫られているものもある。

小さな昆虫を温かい目で見た一茶の句碑には心が和む。彼の故郷である長野県信濃町の黒姫駅前の句碑は「蟻の道　雲の峰よりつづきけん」である。本人が意識したかどうかはわからないが、平仮名で書くと「蟻、蚤、蜘蛛、蚤」が隠れている。これと似た「昼からはちと影もあり雲の峰」という俳句があり、一茶作との記載も見受けるがそうではなさそうである。この句には「蛭《ひる》、蚊、蜂、蜥蜴《とかげ》、蟻、蜘蛛、蚤」の文字が隠れている。虫の姿が彫られたこの句碑でもあればさぞかし楽しかろう。

一方で、鳥の名前が織り込まれた「鵟子《とりのこ》の道しるべ」なる石碑があることを昆虫学者の宮﨑昌久氏から教えられ、氏の案内で現地を訪ねた。茨城県と栃木県の県境辺りに3基の石碑があった。「はとうからすやまとりのこみち」と彫られているが、これは「馬頭、烏山、鵟子道《とりのこみち》」を平仮名で記したものである。鵟子とは近くにある山の名前で地名でもある。ある旅人が「鳩、鵜、烏、山鳥の小道」と読んで、とても人が通ることができない鳥だけの険しい道なのだろうと引き返してしまった笑い話による。

茨城県常陸大宮市（旧、美和村）の道の駅「みわ★ふるさと館　北斗星」には石碑と詳しい解説板がある。後の二つは国道２９３号線に沿った場所で、一つは２９３号線の伴睦《ばんぼく》峠付近、一つは２９３号線から鷲子山上《さんしょう》神社への入口（一方通行の出口）辺りにある。美和地区のマンホールにはスギ、ヤマブキと並んで村の鳥ヤマドリがデザインされている。

黒姫駅前にある一茶「蟻の道」の句碑

茨城県常陸大宮市（旧、美和村）の道の駅にある鷲子道の碑と解説板

美しいヤマドリ（撮影：桂直樹氏）

ミツバチへの感謝碑

ミツバチに関する石碑には他のものとは異なる際立った特徴がある。それは、蜂蜜などの生産物を人間に与えてくれることに加え、受粉活動への感謝、社会性昆虫であるミツバチが一致して生活を行っていること、その勤勉な働きが人間の生活態度の模範になりうるのを謳うことである。実際に刻まれているものから二つの碑文を見てみたい。

千葉県養蜂協会建立の「蜜蜂の碑」(千葉県館山市)

「蜜蜂は遠い昔から人類に蜂蜜をもたらして私たちの生活に貢献して来ました　特に房総地方は蜜蜂の越冬・繁殖の地として遠く北海道東北地方から転飼して来ており春先は風物詩でもあります　蜜蜂と人類は共存してはおりますがその犠牲をもって養蜂業がなり立って来ました　ここに蜜蜂の霊を弔い感謝の意を表しこの供養碑を建立する」

香川県養蜂組合建立の「訪花小天使　無尽大自然」の碑(香川県高松市)

「『愛蜂に捧ぐ』　天の使命を体し地に咲く花を訪れて媒介に励み農産物増収に貢献　蜜と乳を貯え人類の生命と生活を潤おす　営々辛苦し一糸乱れず団結し営農の犠牲となるも

なお厭うことなく勤労する崇高にて尊厳なるその姿を何物に例えようか　蜜蜂よ眠りたまえ　花の影に葉の陰に　そして静かに自然に還り給えと祈る　我等農にいそしむ者養蜂を営む者挙げてその恩沢に深謝しここに碑を建立する」

有用昆虫のもう一つの雄である蚕の供養碑には、蚕が国の近代化に貢献したことや今後の養蚕、製糸の隆盛を願うことが刻まれているものもあるが、ミツバチの碑文とは様相が異なる。蚕が社会性昆虫でないことに加え、養蚕や製糸業に陰りが見えていたことがその理由かもしれない。

千葉県館山市にある「蜜蜂の碑」（碑文は前面の右側）

香川県高松市にある「訪花小天使　無尽大自然」の碑（碑文は前面の下部）

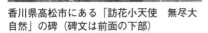

マンホールと虫塚

世はマンホールブームである。マンホール（正確にはマンホールの蓋）に関する本が出版されたり、多くの人が全国のマンホールを訪ね歩いたり、海外から日本独特のマンホールを見に来たり、マンホールカードを収集したりとにぎやかなことである。マンホールに趣味を持つ人を指すマンホーラーという言葉もできた。

筆者は二十数年前からマンホールの写真を撮っているが、まだごく一部である。せめて各地にある昆虫に関するマンホールだけでも見に行きたい。

昆虫デザインのマンホールは三つに大別できそうだが、複数にまたがることもある。

①水質に関係することから水棲の昆虫を選ぶ。アメンボ（愛知県名古屋市）、水棲などの生きもの（静岡県浜松市、兵庫県尼崎市、愛知県北名古屋市）など。

②地域の代表的な昆虫、天然記念物の昆虫を選ぶ。オオムラサキ（北海道栗山町、埼玉県嵐山町、山梨県北杜市、広島県府中市）、ギフチョウ（新潟県長岡市、静岡県浜松市、岐阜県揖斐川町）、ヒメギフチョウ（長野県安曇野市）、ミヤマシロチョウ（長野県原村）、

ベッコウトンボ（静岡県磐田市）、ホタル（栃木県旧西那須野町、岐阜県本巣市、滋賀県米原市・守山市、兵庫県佐用町）など。ホタルは①との関係で特に多い。

③自然豊かなことを表すため、あるいは教育目的で昆虫を選ぶ（埼玉県旧川里町、西東京市保谷、神奈川県川崎市王禅寺）など。

昆虫の虫塚がある市町村で、その昆虫デザインのマンホールがあるところは少ない。新潟県胎内市（昆虫類）、山梨県北杜市（オオムラサキ）、岐阜県本巣市（ホタル）がそれにあたり、訪ねると得をした気分になる。

胎内市（旧黒川村）の昆虫のマンホール

北杜市（旧長坂町）のオオムラサキのマンホール

本巣市（旧本巣町）のホタルのマンホール

文化人と虫塚

たくさんの虫塚の中には文化人が関係することで印象深いものがある。

山梨県道志村の旅館の主人佐藤慶雅《よしまさ》は1956年自分の心ない行為でたくさんのハチたちを死なせたことを悔い、道志川の中洲に「蜂塚」を建てた（99頁）。佐藤の話に共感した多くの人が寄付金を寄せたが、女流歌人柳原白蓮もその一人で、「いと小さき蜂といふにそなみたおつ栄光の死はこゝにもありし」の歌を寄せ、翌1957年その歌を刻んだ「蜂塚」の除幕式にも参加している。この蜂塚のことを作家井伏鱒二が短編「蜜蜂塚」の中で紹介している。釣りが好きだった井伏は道志川を訪れこの旅館を利用していた。井伏は佐藤のことを、「ばかばかしく目が大きくて、ちよび髭を生やしてゐる」と記し、「蜂塚を建てたいと云つてゐる」という構想の段階で文章が終わっている。

津出身の国学者谷川士清《ことすが》は「日本書紀通証」などの著作の過程で不要となったメモなどを石棺に入れて埋め、「反古塚」を建てた（121頁）。そこをタマムシが3日間続けて飛び回ったことを吉兆として親交のあった松坂（現、松阪市）の本居宣長に知らせ、一首つくってほしいと頼んだ。安永4年（1775）のことである。これを受けて宣長は短歌を3首詠んで士清に返した。

いそしみと君にさちはふ天地の神のたまむしたふときろかも

遠き世に君が名かゞすしるしとそたま虫得けむ其玉虫を

天なるや棚機姫の手にこそ玉はならすといへ　玉むしならす君はともしも

このほか、求めに応じて詠まれた宣長の門弟たちの短歌も残っている。谷川はその翌年に世を去った。

柳原白蓮・井伏鱒二とゆかりがある「蜂塚」

谷川士清、本居宣長とゆかりがある「反古塚（たまむし塚）」

美しいタマムシ（撮影：河合省三氏）

学校と虫塚

あちこちの虫塚には学校と関係するものが見られる。私にとって特に印象深いのは新潟県長岡市の「ほたるの里」碑（89頁）と大阪府茨木市の「虫塚」（前著『虫塚紀行』136頁）の二つである。

ほたるの里（新潟県長岡市）

第二次世界大戦の戦局が慌ただしくなった1944年8月、東京都葛飾区の新宿《にいじゅく》国民学校（小学校）の3年生から6年生、222人が新潟県三島郡（その後越路町、現長岡市）に集団疎開した。終戦の翌年10月までを来迎寺小学校と塚山小学校で学び、地元の人たちと過ごした。その後は10年ごとに現地を訪れていたが、越路町の人たちがそれほどこを思ってくれるのはうれしいと、疎開50年後の1994年に新宿小学校の疎開学童たちを招待した。82名が、同級生、先生、寮母たち約200名と交歓する記念式典が現地で開かれた。その恩に報いようと新宿小学校の疎開学童たちが出し合ったお金を寄付し、越路

高橋来迎寺村長宅前での疎開児童たち（写真提供：葛飾区立新宿小学校 卒業生）

町ではそれをもとに町役場近くに記念碑「ほたるの里」を建てて思いに応えた。戦争の悲惨さと当時の生活のつらい思いを乗り越えてつくられた、平和のシンボル鳩を象った碑には新宿小学校、疎開先の越路町の小学校の学童たちや教職員たちの平和への願いが込められている。

虫塚（大阪府茨木市）

茨虫会《いばちゅうかい》は府立茨木高校の歴史の中で長く続いた昆虫趣味の会と昆虫研究部ＯＢたちで構成される会である、創設75周年の２００９年に「虫塚」の建立が決議され、２年後の２０１１年10月15日に１００万円の募金をもとに校庭に設置された。校長や会の会員など21名の出席を得て除幕式が挙行されている。

この虫塚建立のきっかけが興味深い。病を得て

昆虫研究部創立75周年を記念して建立された「虫塚」を前にした往時の昆虫少年たちと学校関係者（写真提供：北川喜芳氏）

入院中に針を使用する治療を受けていたＯＢの一人が、若い頃、昆虫採集でたくさんの虫たちにピンを刺して標本にした祟りではないかと思い、75周年の集会で話したところ、賛同する人が続出してたちまちのうちに話が進んだそうだ。

除幕式の記念写真には、何十年か前の昆虫少年たちが並ぶ。虫塚には「玉蟬」が埋められた（２８３頁）。多感な年頃に昆虫採集を通じ結ばれた友人たち、今も変わらぬ昆虫への思い、学校と卒業生たちとの強い結びつきを感じさせるすばらしい虫塚だ。２０１４年にも80周年の集まりが開かれている。

草木塔

わが国にはさまざまな供養碑があり、世界に類を見ないとされる。動物、植物、菌類などの生きものばかりか、日用品、民芸品、道路、さらには日蝕のような自然現象にまで及ぶ。供養碑の全貌を明らかにはできないだろうが、詳細な調査研究が行われている分野がある。東海大学による水生生物に関する供養碑や、山形大学（やまがた草木塔《そうもくとう》ネットワーク）による「草木塔」である。

草木塔は「草木供養塔」とも呼ばれ、草木に感謝しその生長を願う石碑である。安永元年（1772）米沢藩の江戸屋敷が火災で焼失、安永9年（1780）現在の米沢市で大火があり、復興のために米沢で大量の材木が伐採されたことが建立のきっかけだと推定されている。上杉鷹山の時代である。

そのため、草木塔は現在確認されている200基強のうち8割以上は山形県、中でも米沢を中心とする置賜《おきたま》地方に多い。私が初めて見たのも蔵王温泉のホテル中庭にあった。その後、東京都内にある何基かと、埼玉県の1基を訪ねたことがある。

草木塔は1780年に米沢市に建てられたものが最初とされる。2019年2月、東京都町田市小野路町で裏側に「元文」（1736～1741）の文字がある草木塔（高さ37㎝、横幅21㎝）が発見され、国内現存最古の草木塔の可能性があるとの新聞報道を目にしたので現地を訪れた。市立小野路宿里山交流館の近くであった。その草木塔から900mほどの場所にも新しい草木塔がある。地元の小島資料館館長の小島政孝氏を会長とする「草木塔を建てる会」が令和に入って建立したものだ。氏は元文の草木塔を享保6年（1721）に浅間山が噴火、享保11年と13年（1726、1728）には百姓一揆、17年（1732）には害虫などによる有名な享保の大飢饉が起きた不穏な世情を背景に建てられたものではと推察する。

最古と最新と思われる草木塔がすぐ近くにあるのは実に興味深い。

日本最古かもしれない元文の草木塔（右側）

令和元年5月1日の看板が横に立つ真新しい草木塔

◆主な参考・引用文献

〈序　章〉

「自然〈自然の文化誌　昆虫編6　虫塚と虫供養塔〉」　長谷川仁　中央公論社
「虫塚〈虫塚行脚　関東の巻　上／下〉」西原伊兵衛　日本博物温古会
「江戸時代の害虫防除」長谷川仁　日本農薬学会誌3, 459-464（1978）
「昆虫の種多様性と分類学」森本桂　哺乳類科学　日本哺乳類学会
「技術の系統化調査報告書第18集〈農薬産業技術の系統的調査〉大田博樹　国立科学博物館
「虫獣除けの原風景」岡本大二郎　㈳日本植物防疫協会
「BIOSTORY　Vol.23　生き物をほふる」生き物文化誌学会　誠文堂新光社
「どうぶつのお墓をなぜつくるか」依田賢太郎　社会評論社
「いきものをとむらう歴史」依田賢太郎　社会評論社
「サネモリ起源考　日中比較民俗誌」伊藤清司　青土社
「ペットと葬式　日本人の供養心を探る」鵜飼秀徳　朝日新聞出版
「農薬概説」日本植物防疫協会
「新応用昆虫学―改訂版」斎藤哲夫ほか　朝倉書店
「農薬と食の安全・信頼」梅津憲治　日本植物防疫協会
「動物裁判―西欧中世・正義のコスモス」池上俊一　講談社現代新書
「虫の文化誌」　小西正泰　朝日新聞社
「日本における『生き物供養』『何でも供養』の連鎖的研究基盤の構築」相田満　人文科学とコンピュータシンポジウム
「虫塚紀行」柏田雄三　創森社

〈第１章〉

「京極町史」京極町役場
「塩川町史　第六巻　石造文化財編」　喜多方市
「文化福島　平成16年12月号〈早戸地区の虫供養〉」福島県文化振興事業団
「三島町散歩」　奥会津書房
「秩父神社社報　柞乃杜第42号〈『草木虫魚に命あり』日本人の生命倫理〉」薗田稔
「心がぽかぽかするニュース　HAPPY NEWS 2010」社団法人日本新聞協会編　文芸春秋
「水府村の歴史散歩」歴史散歩編集員会編　水府村教育委員会
「植物防疫　第64巻第4号（2007年）〈大学研究室紹介　キャンパスだより（8）宇都宮大学農学部応用昆虫学研究室〉村井保　日本植物防疫協会
「常陸国下妻宮大寶八幡宮　御鎮座壱千参百年記念誌」　大宝八幡宮　宮司山内光洋

「科学朝日1974年7月〈チョウ好きの若者が昆虫保存館を建てた〉」 岡部冬彦　朝日新聞社
「昆虫教室（入門編）」 財団法人　昆虫保存協会
「群馬　絹産業近代化遺産の旅」 高橋慎一　繊研新聞社
「東京近郊一日の行楽」田山花袋　博文社
「本庄市の養蚕と製糸―養蚕と絹の町本庄―」本庄市教育委員会
「小笠原100の素顔Ⅱドンガラ〈小笠原の虫塚〉〈もうひとつのミバエ根絶事業〉」 河合省三　東京農業大学出版会
「広報ふじさわ　2000年11月25日〈高倉・七ツ木神社の養蚕組合記念石廟〉」藤沢市
「地図に刻まれた歴史と景観1―明治・大正・昭和　藤沢市」 高木勇夫編著　新人物往来社　1992年11月10日
「昭和御大禮記念　野尻村史料　富山縣東礪波郡野尻村」富山縣東礪波郡野尻村役場
「東部・高瀬地区　福野町のいしぶみ」福野町教育委員会他
「蜜蜂よ、赦しておくれ―道志村蜂塚碑由来記―」松田征士　専修文芸創刊号
「道志手帖　Summer2014　no.5〈蜂塚を知っていますか？―蜂塚碑建立の物語を訪ねて〉」 香西恵　道志村地域おこし協力隊
「ミツバチ塚物語」 野口光男　光文社
「市川大門町誌」 市川大門町誌刊行委員会
「佐久町誌　歴史編一　原始・古代・中世」 佐久町誌刊行会
「蚕糸業歴史散歩：蚕業革新発祥記念碑」栗林茂治　「蚕糸技術」第123号
「日本昆虫記」 大町文衛　講談社
「俵藤太のむかで退治　俵藤太略縁起」浄土宗雲住寺
「ふるさと摂津　神社・仏閣編」摂津市教育委員会
「農研機構　近中四農研ニュース　No.53　2014.9〈巻頭言　記念碑〉」中野正明
「農薬ことはじめ―創立25周年記念―」日本特殊農薬製造株式会社
「特農」 編集者「特農」編集委員会委員　岩壁融　日本特殊農薬製造株式会社
「九州蝗逐風土記」 末永一　九州病害虫防除推進協議会
「飢人地蔵物語」 藤野達善
「天草の稲作（水稲早期栽培30周年記念誌）」熊本県天草事務所他
「宮崎県の陸生カメムシ」 小松孝寛　黒潮文庫
「水上村史」 水上村教育委員会
「那覇植物防疫情報」昭和63年7月1日　第71号

〈第2章〉

「啄木と賢治」 編集　盛岡市商工観光部観光課・（公財）盛岡観光コンベンション協会・石川啄木記念館

「芭蕉句碑スケッチめぐり　≪奥の細道編≫」 安斎俊二　さきたま出版会
「ビジュアル版　日本の古典に親しむ⑦　奥の細道」山本健吉　世界文化社
「奥の細道の旅ハンドブック　改訂版」久富哲雄　三省堂
「鳴子温泉郷観光ガイドブック」伊達な広域観光推進協議会
「一茶　父の終焉日記　おらが春他一編」矢羽勝幸校注　岩波文庫
「小林一茶と房総の俳人たち」 杉谷徳蔵　暁印書館
「芭蕉句碑スケッチめぐり≪東京編≫」 安斎俊二　さきたま出版会
「鋸南町　勝山の歴史･文化案内書」勝山港通り商店街･鋸南町商工会
「心にひびけカンタンの声　わたしの昆虫記⑤」矢島稔　偕成社
「高石神社お伊勢の森　句碑村」 高石神社句碑村編集　高石神社
「小林一茶の虫の句にみる作品世界―蚊、蚤、蠅をめぐって―」韓玲姫･綿抜豊昭　図書館メディア研究第10巻2号
「増補　一茶の句碑」 写真　越統太郎　文　清水哲　俳諧寺一茶保存会
「しなのまち　どんなまち？」 長野県信濃町
「井上靖『しろばんば』･『夏草冬濤』の舞台　洪作少年の歩いた道」 井上靖文学散歩研究会編集
「天城湯ヶ島町ふるさと叢書　第五集　〈井上靖―天空を翔る〉」天城湯ヶ島町
「昭和小唄　その2」 木村菊太郎　演劇出版社

〈第3章〉

「虫のつぶやき聞こえたよ」澤口たまみ　白水社
「蚕　絹糸を吐く虫と日本人」 畑中章宏　晶文社
「房総の不思議な話、珍しい話」大衆文学研究会千葉支部編著　崙書房
「多摩　歴史と文化の散歩道（西多摩編）」 株式会社TOKIMEKIパブリッシング（2009年）
「開拓の歴史」日本民衆史1　宮本常一　未来社
「遊学城下町　信州松代まち歩きガイドブック」NPO法人夢空間松代のまちと心を育てる会
「アグロ虫第20号〈つくつくぼうし（2）〉」簗根照英　アグロ虫の会
「[決定版]京都の寺社505を歩く　下」洛西･洛北（西域）･洛南･洛外編　山折哲雄監修　槇野修著
「文化財学習会　ふるさと探訪　テーマ:西方寺の山辺の道を歩く」講師　山本英之　高松市歴史民俗協会･高松市教育委員会

〈付章〉

「アグロ虫第19号＜中国の“蝉”たち-1. 玉蝉＞」梅谷献二　アグロ虫の会

あとがき

前著『虫塚紀行』（創森社）を世に問うてから3年、姉妹版ともいうべき本書『虫への祈り―虫塚・社寺巡礼』で虫塚に再び光を当てる機会が訪れた。『虫塚紀行』を読んで「本にない虫の石碑を知っている」とか、「あそこにもあるのではないか」などと教えてくれる人が現れたのは、筆者が期待していたことでもあった。それらも参考にしながら、思ったよりも早くこの本をまとめることができたのはうれしい。

もとより本書に収載した虫塚は前著とは重複せず、新たに取材したものばかりである。そのため、ごく限られた関係者にしか知られていなかった虫塚が前作以上に含まれることになった。

虫塚は単に「虫」という字が彫られた石ではなく、日本人が意識せずとも心の奥底に持っている供養、慰霊、感謝、さらに喜び、感激、畏敬、贖罪、信仰などがそのなかに潜むものだ。本書では、まず序章で室町時代から現在に至るまでの虫塚の歴史などについて俯瞰を試みた。続いて前作と同様に、第1章で供養碑や感謝碑を、第2章で歌碑や句碑を個別に紹介し、新たに第3章として虫の名を冠した神社仏閣を取り上げている。たとえそこに石碑がなくても、虫塚に相通じるものを持つと考えたからだ。また、取材の段階で興味を持った事柄や気がついたことのいくつかを付章として記した。

昆虫を文化的な面からとらえる「文化昆虫学」が提唱されているが、本書はその一端に連なるものと位置づけられよう。全体の取材を通じて感じたのは、昆虫と人間とのつながりの幅の広さと思いがけない深さなのである。

調査、取材にあたって、多くの方々からご教示やご協力をいただいた。

情報収集のみならず、労を惜しまずに筆者とともにあちこちの虫塚を訪ね歩いてくださった河合省三、千野義彦、宮﨑昌久、渡瀬学の各氏には頭が下がる。また現地での取材を精力的に行ってくださった荻原洋晶、口木文孝の両氏に感謝したい。

さらに、浅野勝司、池田二三高、池山雅也、伊藤文子、今井克樹、大川秀雄、大津悠一、尾形玲子、小田義勝、柏田耿介、桂直樹、河津圭、北川喜芳、行徳裕、久木野和暁、沓澤周悦、香西恵、児島信弘、小松慶貴、佐藤光男、白石雄治、関口洋一、園田昌司、高井日年、高橋滋、髙橋亮、田近清暉、田中易、簗根照英、中田茂富、中谷至伸、中山哲郎、野口祐美子、浜田虔二、林秀樹、平井一男、藤原誠太、藤本重廣、別所万里子、曲尾正子、宮田さやか、森川千春、森田征士、山下泉、米津公絵の各氏のほか、多くの方たちから貴重な情報や写真、現地ご案内をいただいた。併せてお礼申し上げる。お借りした写真にはお名前を記し、お礼の言葉に代えたい。

各地の神社、仏閣、学校、試験研究機関、企業、昆虫館、市町村の文化財や郷土史担当の方々からいただいた多くの情報、資料が大いに役立ったのは言うまでもない。

また、俳句にかかわることは髙橋邦夫氏に、石材の判定に関しては前作に続いて丸山清明氏に教えを乞うている。

今回もなるべく公共交通機関や自分の足を使って現地を訪れることを心がけた。ＪＲの在来線やバスの便の制約により効率が損なわれたところも少なくなかったが、それだけ一つ一つの虫塚とじっくり向き合えたと思う。ローカル線の車窓からの光景、汗を流したり雨に降られたりしながら歩き回った田舎道、現地で興味深い話を聞かせてくれた人たちの顔が目に浮かぶ。

本書をもってしても虫塚を網羅できたわけではない。これからもまだ見ぬ虫塚への旅を続けたいものだ。この本を手に取ってくださった方々に感謝しつつ、ひとまず筆をおくことにしよう。最後に、この地味ともいえるテーマに再び文化的、民俗学的な価値を見出してくださった創森社の相場博也氏をはじめ、多くの編集関係の方々、どれほど朝早くても快く筆者を取材に送り出し、時として読者の視点からの率直な意見を寄せてくれた妻幸子に感謝の気持ちを捧げたい。

２０１９年　９月

柏田　雄三

著者プロフィール

●柏田雄三（かしわだ ゆうぞう）

虫塚研究家、昆虫芸術研究家。

1945年生まれ、鹿児島県出身。東京大学農学部農業生物学科卒業。武田薬品工業㈱アグロカンパニーで、農薬に関する業務を通じて昆虫に関する知識を深める。2003～2007年、住化タケダ園芸㈱（現、住友化学園芸㈱）代表取締役社長、2009～2015年、アース製薬㈱顧問を歴任。

全国各地の虫塚を研究するかたわら、虫に関する音楽の媒体などを収集し、鑑賞、考察。月刊誌などへの著述活動、講演活動を繰り広げている。著書に『虫塚紀行』（創森社）、『文化昆虫学事始め』（共同執筆、創森社）など。

デザイン――塩原陽子
ビレッジ・ハウス
編集協力――宮﨑昌久
校正――吉田 仁

虫《むし》への祈《いの》り―虫塚《むしづか》・社寺巡礼《しゃじじゅんれい》

2019年10月10日　第1刷発行

著　　者――柏田雄三《かしわだゆうぞう》

発 行 者――相場博也

発 行 所――株式会社 創森社
〒162-0805 東京都新宿区矢来町96-4
TEL 03-5228-2270　FAX 03-5228-2410
http://www.soshinsha-pub.com
振替00160-7-770406

組　　版――有限会社 天龍社

印刷製本――中央精版印刷株式会社

落丁・乱丁本はおとりかえします。定価は表紙カバーに表示してあります。

 ISBN978-4-88340-336-3 C0039